无畏

为什么
以色列能成为
创新强国

Why
Israel Is a Hub of
Innovation
and Entrepreneurship

（以）英巴尔·阿里埃利（Inbal Arieli）_ 著
李雨桐 _ 译

CHUTZPAH

北京联合出版公司
Beijing United Publishing Co.,Ltd.

致我亲爱的儿子：尤拿坦、丹尼尔和雅登。

教会孩子如何思考，而不是思考什么。

——玛格丽特·米德

简介

"算了吧，这不可能！"

"你怎么可能做到呢？"

——在这样的"苦苦规劝"下，可能大部分人早早就放弃了。但如果你试图用同样的话去劝说以色列人，可能就要失望而归了。因为这反而会刺激他们踏上征途，开启一段披荆斩棘的冒险之旅。虽然不一定是紧随最初的目标，但也不会偏离太远，也许最终还会达到意想不到的效果。

以色列人的这种心态源于他们的"虎刺怕*"精神。人们对这种心态普遍持两种态度：不以为然，持此态度的人往往认为那种心态纯粹就是顽固不化；赞成欣赏，持此态度的人非常欣赏追求个人目标所展现的那种率直坦荡。总之，只要有一定的"虎刺怕"精神，就没有做不成的事。不管是非要在家庭聚会上发言的 7 岁小朋友，还是对商业

---

* 虎刺怕，音译自希伯来语"chutzpah"，意为放肆、大胆、自信、不惧权威。

交易提出创意解决方案的企业高管，他们浑身上下都散发着"虎刺怕"精神——一种不屈不挠、勇敢无畏、坚信一切皆有可能的精神。

"虎刺怕"精神就仿佛是一剂辛辣调料，渗透在以色列人生活的方方面面。它也是以色列跻身科技大国的重要原因之一。或许您对以色列"创业大国"的名声已经有所耳闻，这个称号也的确名副其实，因为这里有全球密集度最高的初创企业、仅次于美国的全球创业中心，以及首屈一指的人均风投资本。

人们经常问我："以色列何以成为创新摇篮？"又或者："为什么以色列人总是忙于新的计划？"对于这些问题，我自己也听过各种各样的回答。有人说是因为以色列先进的军事科技，也有人说是得益于宣扬刻苦钻研和勇敢质疑的犹太传统。这些回答固然有其可取之处，但总归还是过于狭隘。在我看来，答案其实在于以色列人成长的特殊环境。孩子们从小在部落式社区长大，童年生活充满了挑战和风险，这才是以色列创业文化的根源。以色列人在这样的环境下成长，自然而然地就具备了"虎刺怕"精神。

20年来，我一直置身于以色列的创业生态系统，积累了大量行业洞察、创业数据以及背后故事。我曾在以色列国防军8200精锐部队服役，也曾运营加速器和科技人才孵化器，曾在大型跨国科技公司担任过高管，也曾是创业大军中的一员。与此同时，我还是三个男孩的母亲。回顾我的职业生涯，不管扮演哪个角色，我身边从来不乏斗志昂扬的连续创业者，而我的工作就是培养优秀的以色列青年人才。

近年来，以色列的创业精神不断扎根。作为见证者，我总结了其中几点关键要素。过往的经验使我坚信，创新和创业精神不是在某个神奇的时刻突然迸发的，也不是只有少数"天选之子"才具备与生俱来的"创新基因"。相反，这种精神其实是一整套技能的产物，而这些技能都是可以后天培养的，尤其是在个人成长的早期阶段。

当然了，作为一名以色列的母亲，我或许会被认为存有偏见。但我坚信，以色列之所以能成为创新创业的实验室，首先要归功于以色列人的育儿之道。

从孩子刚刚学会抬头的时候起，我们就鼓励他们去探索周遭的世界，给他们充分的自由，让他们无所畏惧、无拘无束。当然了，从来都是知道容易做到难，只有经过实践才能体会其中滋味，我也是在照顾大儿子尤拿坦的时候才意识到这点的。尽管我很难真正做到不去担心他，但我可以试着避免让我的焦虑和担心影响到他。好在我身边有许多面临相同问题的母亲，这在很大程度上坚定了我的决心。作为母亲，我们的职责不仅仅是保护孩子的安全或者把已知的知识传授给他们，更为重要的是培养孩子的独立性。

在我儿子独立之前，我得先学会为他让路。哪怕是在无法完全确保安全的情况下，我也要学着放手，让他去摔倒、去探索。等时机恰当的时候，我再帮他消化这段经历，让他有所收获。这不是一种附带条件的独立，而是真正意义上的完全独立。身为父母，做到这点的确不容易。

随着孩子慢慢长大，父母应当给予孩子更多自由。这种理念根植于以色列的学校和文化中。我在下文中会讲到，以色列不是一个风险规避型社会。在这里，大人不怕犯错，也允许孩子犯错，这就培养了孩子们适应环境的能力和创造力，也是实现伟大创新所必需的能力。

"股神"沃伦·巴菲特曾经说道："如果你要去中东找石油，大可跳过以色列。但如果你要寻找智慧，去以色列就对了。这片土地上流淌着智慧和活力。"

今天，以色列的人均创业密集度居全球首位，每2000人就拥有至少一家初创公司。虽然以色列仅有800多万人口，国土面积只有密歇根湖的一半左右，却坐拥5000多家初创公司和1000家成熟科技企业。

世界经济论坛曾对138个国家的创新力做出评估，以色列排名第三。从樱桃番茄到滴灌技术，从首个胶囊内镜的发明到首款线上聊天软件的问世，另外还有U盘和Waze导航软件（基于GPS的手机导航App）的研发，等等，以色列的创新发明数不胜数。

以色列的研发支出占GDP比重居全球第一。作为经济合作与发展组织（OECD）成员国，以色列的科学家和研究员数量也名列前茅。自1996年起，在化学、经济、文学以及和平等领域，以色列先后产生了16名诺贝尔奖获得者。例如魏茨曼科学研究所的阿达·约纳特教授，她与同事文卡特拉曼·拉马克里希南和托马斯·施泰茨共同荣获2009年诺贝尔化学奖，他们对核糖体的突破性研究为白血病、青光眼、艾滋病的治疗以及抗抑郁药物的研发带来希望。约纳特教授是首位获得诺贝尔奖的以色列籍女性，中东地区诺贝尔科学类奖项的首位女性得主，也是45年来诺贝尔化学奖的首个女性得主。

短短几十年内，一个面积不大的小国竟能在科技和创业领域取得如此令人瞩目的成就，这非常不一般。以色列的人均风投资本额居全球首位，超过美国、加拿大和欧洲各国。尽管以色列的地理环境不占优势，但在投资者对当地高科技技术的信心方面，以色列仅次于美国。目前，有100多家风投公司和私募公司在以色列开展经营活动，它们也在积极投资以色列当地的公司。本地公司拿到的投资有85%来自海外，以美国为主，同时亚洲投资者也在日益增加。自2018年起，在纳斯达克上市的以色列公司总数仅次于美国和中国。3000多家跨国公司在以色列落户，设立研发中心，并挖掘本地人才，其中不乏苹果、英特尔、脸书、谷歌、多宝箱（Dropbox）和贝宝（Paypal）等知名巨头。

基于成功打造的科技创新和创业生态系统，一系列令人瞩目的成就使以色列成为美国以外首屈一指的创新中心。以色列"创业大国"和"硅溪"的名声也因此为人熟知。

作为一个稳健发展创新创业的经济中心，以色列的家庭生活指数在50个评选国家当中排名第六，这个指数评估了获得平价高质量教育的机会、休闲活动以及家庭幸福感等因素。另外，我还发现了一个十分有意思的数据：以色列的人均博物馆拥有量位居世界第一。

只要你在以色列待过一段时间，你就会发现，这个国家的特别之处并不仅仅在于"股神"巴菲特提到的"寻找智慧"。活在当下是以色列人的生活理念。以色列人总是精力充沛地生活在有序的混乱当中。在追求梦想的道路上，我们总是鼓励孩子们勇敢探索，大胆发挥自己的想象。当然，要做到这点还是要费点儿功夫的。

有一次我去学校接儿子雅登放学，正好碰到了老友兼邻居尤拿坦·阿迪里（Yonatan Adiri），他也在等女儿卡梅尔放学。

尤拿坦曾与以色列前总统西蒙·佩雷斯共事，他也是有史以来第一个由以色列总统任命的首席技术官。与其说佩雷斯总统需要一个首席技术官，倒不如说他非常赏识尤拿坦的才干，希望把这种难得一见的人才留在身边任用。在任职期间，尤拿坦主导了以色列与美国白宫和韩国青瓦台政府首脑之间的科技外交，他也负责总统在神经科学、免疫疗法、干细胞和生物信息学等变革性技术方面的长期日程。在为佩雷斯总统效力以前，尤拿坦已经拥有了一份光鲜的履历：2004 年，以色列与黎巴嫩真主党游击队达成犯人交换协议，尤拿坦作为以色列军外交部队的上校，在中间起到了不可或缺的作用；他是特拉维夫大学的政治学和法学硕士，在特拉维夫智库列乌特研究所担任高级政策顾问，而他取得以上成就的时候还不到 24 岁。目前，尤拿坦的主要精力放在由他创办并担任 CEO 的智能医疗设备公司——Healthy.io 上。Healthy.io 无疑是一个勇于突破的革新者，使用它旗下的产品再加一部智能手机，人们就能在家进行尿分析测试。作为一家初创企业，Healthy.io 已经成长为数字医疗行业的领跑者，公司旗下的手机摄像头扫描工具包已经获得 FDA（美国食品药品监督管理局）的批准认证。尤拿坦在技术和外交领域的领导力也得到了世界经济论坛的认可，他在 30 岁那年入选百名全球青年领袖。不久前，他的公司与谷歌、优步（Uber）、多宝箱等巨头一同跻身"科技先锋"行列。2018 年，尤拿坦还上榜了《时代周刊》评选的医疗行业全球 50 大最具影响力人物。

跟我一样，尤拿坦也有三个孩子。在回家的路上，孩子们冲在前面，我们得空闲聊，正好聊到了我们小时候的成长环境和现在小孩的成长环境的不同。尤拿坦是家里的老五，年纪最小的弟弟，由于四个哥哥姐姐都已经颇有成就，他反而没什么压力，不会急着证明自己。"奇怪了，"我开玩笑地说，"17 岁就大学毕业的难道不是你吗？"他笑了笑回答："话是这么说没错，我的确是在比较年轻的时候就取得了一些成就，但我做这些并不是出于家人的压力。我父亲 7 岁的时候从伊朗德黑兰移民到以色列，他是经历了很多逆境的移民一代，对生活也有一套自己坚守的原则——用正确的方式做事。如果说他对子女有任何希冀的话，那就是希望我们成为善良的人。"

我们找了张长椅坐下来，旁边有家生意红火的小吃店，几个人在店里一边翻看着报纸一边大声交谈。"在这儿找个安静的午后真是一点儿不费劲。"尤拿坦打趣道。"可不是嘛，"我也顺势接茬，"我都怕自己因此放松下来没那么焦虑了。"考虑半晌之后，我还是决定向他抛出那个问题，那个我从写这本书开始就一直在思考的问题："以色列人好像特别容易跟陌生人展开激烈争论，为什么我们要对一些无关紧要的问题较真？就不能平和对待吗？"

"说起来还蛮有意思的，"尤拿坦回答道，"以色列人在高压的状态下尤其高效。我们的军队在全球是出了名的专业高效，以色列人也总是能在最短的时间内将计划执行完毕。如果萌生了创办公司的想法，我们就会立即着手募集资金、组建团队，从萌生想法到最终计划落地，往往只需要几个月的时间。另外，任何事情在我们看来都是紧急事件，因此我们投入了大量的资源来处理其实并不极端的情况，虽然看起来并非效率之举。说到底，大家习惯了在没着火的时候就开始灭火。"

尤拿坦这番话让我陷入思考：以色列人应对压力的优势是不是也是一把双刃剑——一方面，我们练就了登峰造极的危机应对功力；另一方面，我们总是做着最坏的打算，因此长期处于巨大的压力中？在以色列这种时刻紧绷的环境中成长，是不是也会带来文化层面的副作用？

"以色列人都被压力裹挟着，这一点不假，"我继续说道，"除此之外还有一点，太多人抢着做一件事了。""没错，"尤拿坦也附和着，"每个人都认为是自己的职责，总是急着发表意见、出谋划策，却丝毫没意识到这样其实是在添乱。""太对了，"我说道，"我们时刻处于警觉状态，以至于发生一丁点小事就立马启动紧急模式，这反而造成不必要的麻烦。"

面临紧急状况时，"平等对待所有意见"是一种可取策略，因为这样就能以最短的时间全面考虑所有意见和选项。通过这种方式，人们可以迅速做出决策，同时避免冲动行事。不过尤拿坦说的也没错，以色列人往往过于紧张，任何事情都可以上升为紧急事件，所以很容易陷入"分析无能"的状态。如果太多人参与一件事，每个人都确信自己是专家，每个人都认为自己特别了解状况，就很容易造成各持己见的局面。"遍地都是专家，"尤拿坦感叹道，"有那么多应当平等对待的意见，大家很快就会陷入'分析无能'的状态。"

　　这种行为模式在逻辑上是说得通的。以色列的地缘政治局势和国家历史造就了极为高效的警觉，同时又热衷于积极响应和创新的文化。没时间考虑清楚就直接付诸行动，这种行事方式赋予了以色列人随机应变的能力，我们总能在各种生活难题之间游刃有余。在工作领域，这种行为模式也成就了一批又一批的企业家。但这也意味着我们时刻处于紧绷状态，但凡有点儿风吹草动就立刻出击。

　　长期规划和适时决策通常被视为企业家必备的技能，而这两项技能本身却又互相矛盾。先规划路线，再未雨绸缪，这是企业家必备的能力。但在真正的经营过程中，要想把企业做好，其实更需要随机应变的能力：计划赶不上变化，这是企业家不得不面对的情况。从扩大业务的角度来说，开展工作前的战略部署与业务的实时管理同等重要。也就是说，企业家得根据具体的情况随机应变，而不是设计一个涵盖所有场景的完美规划。在人工智能飞速发展的时代，随机应变意味着可以应用人工智能软件中的随机决策规则来模拟人类推理。当然，随机应变也意味着在匆忙之中学会临时变通。

以色列人随机应变的能力是从童年就开始习得的，因为我们总是在玩游戏，临时做出各种决策，不停地锻炼随机应变的能力。但我们缺乏一种深谋远虑的战略思维，而这一点恰恰是世界上许多公司和组织得以存续上百年的原因。许多以色列公司只关注明天而不考虑未来几十年的长期发展，这样很难将公司发展壮大。以色列不乏杰出的企业家，可惜很少有人在公司规模化方面展现出出色的管理才能。

第二天我跟尤拿坦分享了这些想法，他说："我看咱们还是别挑刺了。我们一直都在锻炼提问的能力、质疑他人的能力、创造力、随机应变的能力，这些都是成为一名优秀企业家必不可少的品质。这并不是说我们就不能习得其他能力了，其他人也是不断训练才明白怎么将业务规模化、怎么设计长期规划，这跟我们已经掌握的能力一样，都是成功经营企业所需要的能力。做事凭直觉而缺少长期规划，这是我们多年来养成的行事风格，我们要做的就是学会偶尔淡化这种能力，可能一开始会有点困难，但多练习几次自然就熟能生巧了。"

晚上回去之后，我开始思考：我们真的只是缺乏练习吗？我们处理危机的能力到底是先天遗传还是早期的后天习得？同样地，我们能否在人生后期阶段或者其他不同的环境中习得这种能力？

面对尤拿坦·阿迪里这样的企业家，我们通常认为他们是有创意的人。但这个世界有着数不胜数的创意、服务和产品，大部分都未见曙光。创意是一家初创企业的核心，但谁也说不准它来自何处。

诚然，创意非常重要，但它也只是创业精神的一个方面。创业精神是一种落实想法并使之成为现实的能力。企业家在落实想法的过程中会用到各种各样的技能，但他们并不是对每种技能都驾轻就熟。世界经济论坛的研究显示，很多人都希望能够提高自身的说服力、情商、教授他人的能力等社交技能。

我倒是想从解剖学的角度来看待这些技能：每个人身上都有肌肉，但我们每个人使用肌肉的方法却各不相同，比如有的人可能会着重训练某块肌肉。如果你从小就开始培养提问和怀疑他人观点的能力，那么你的好奇心"肌肉"就能得到很好的锻炼。随着你越来越熟悉这块肌肉，用起来也会越来越顺手。当然，这不意味着在童年时没有练习某项运动，在成年以后就不能习得了。同样地，这一点也适用于创新精神中极为重要的软技能，练习、巩固和培养创新相关的软技能，任何时候都不算晚。软技能就跟肌肉一样，隐藏得很深，你得意识到它的存在再刻意使用它。这本书会向你传授具体的方法，帮助你开发自己的"虎刺怕"精神，我们现在就开始吧！

从现在开始，我们一起去探索以色列孩童的成长环境吧！我们会发现这种成长环境与现代企业之间有许多惊人的相似之处，包括目标市场的发掘与探索、企业的价值主体、验证企业存在的理由，还有为了提高效率、实现规模化跨国经营以及可持续发展而不断试错的过程，当然也包括企业的传承与重塑。

正如全球各行各业那样，以色列社会也有很多种类型。我在本书中描述的以色列人的生活经历和态度必然会有个体差异。不过我分享的心得和原则基本涵盖了以色列众生相的社会横切面，这些内容适用于任何有志于或者已经在创业、经营企业的人士。

不久前，阿里巴巴集团创始人马云到访以色列，他说他在以色列学到的最重要的两点就是"创新和勇于挑战的虎刺怕"。

无论您是否来过以色列，您都可以把本书当作激发虎刺怕和创业精神的修炼手册。Yalla*，我们现在就开始修炼虎刺怕和创业精神吧！

---

* Yalla，字面意思"走吧"，可用于表达一种忍不住一探究竟的急切心情，也可表示急躁、不耐烦、热忱的感情或者单纯表示一种可行性。这个词源于埃及，因为总是作为方言在埃及语、波斯语、土耳其语和希伯来语地区的电影、电视中频繁出现，所以逐渐开始普及。普遍用于表示"走吧"或者"快点"。

目录

第一阶段

发现

如何来定义"发现"这个词？是有了不为他人所知的新发现，还是有了不为自己所知的新发现？于我而言，"发现"是一种顿悟时刻。仿佛忽然之间，过去发生的一切都可以串联起来了，你突然变得豁然开朗。我想把"发现"定义为不为自己所知的新发现。我在工作和生活中都体验过这样的顿悟时刻。如果当时你也在场，你会发现我的眼睛闪着光，脸上洋溢着新发现的喜悦。我相信，如果发现了新点子或新方法，大多数人会像我一样激动不已。

　　从我跟企业高管和创业人士打交道的多年经验来看，他们总是在迫不得已的情况下获得新发现，要么是自己遇到了问题，要么是意识到了别人的问题。一旦他们变戏法似的把一切串联起来，就会完全陷入自己发现的新想法中。当然，仅仅有发现是远远不够的，接下来的切实工作才是重头戏。

　　因此，每当我经历了顿悟时刻，我都会向自己抛出一连串问题。比如，这个发现会关系到其他人吗？哪些人会受到影响？如何才能提供比现阶段更为高效的解决方案或者更为优质的产品或服务？我要克服哪些困难？该有的资源我都有了吗？我要孤身奋战吗？我有哪些潜在的合作伙伴？我真的准备好承担随之而来的风险和机会成本了吗？手头的信息够了吗？我不断用这些问题来考问自己，随着思绪越来越清晰，情绪也越来越低沉，对新发现也就慢慢失去了最初的兴趣。

　　现在我们把当事人换成孩子们，想想他们对新发现又会作何反应？经历顿悟时刻的孩子们也是眼里闪着光，充满了热情。不过有一点不同，孩子们不会像我一样想那么多，他们凡事全凭直觉，没有任何顾虑。他们会想尽各种办法调动身边的资源（往往就是认识的小伙伴），说干就干，遇到问题再想办法，完全是一种随机应变的灵活机制。每次多取得一点进展，他们眼里的光芒就多了几分。

我们成年人是不是该向孩子们学习呢？

第一章　废旧破烂当玩具

20 世纪 50 年代，在以色列北部、靠近约旦边境的某地有一个小型社会主义集体社区 ——斯德·埃利亚胡（Sde Eliyahu）基布兹 [*]。德裔青年玛卡·哈斯在这里独创了一套全新的学前教育理念。

斯德·埃利亚胡基布兹是一个资金匮乏但思想文化意识丰富的社区。玛卡·哈斯的任务是在预算有限的条件下创办社区的第一家幼儿园。经过一番思索，哈斯灵机一动，想到了一个创意。她的全新理念在随后也成为以色列学前教育的标杆。

哈斯没有执着于价格昂贵、批量生产的新玩具，而是选择从基布兹的家庭、田野和作坊挑选出合适的淘汰物品摆放在幼儿园院子里。这些物品都是大人们使用后淘汰下来的，布置一番后就形成了一个旧物回收院，而随之引申出来的则是一套全新的教育理念：废旧破烂当玩具。今天，不管是在以色列的托儿所、学前班还是幼儿

---

[*] 基布兹（Kibbutz），一种混合乌托邦主义、共产主义和锡安主义而建立的社区形态。

园，你都可以看到旧物回收院的存在。

如果去参观以色列当地的幼儿园，你会在院子里看到各式各样用栅栏包围起来的废旧物品，有旧家具、拖拉机、梯子、床、轮胎、桶、旧炉子、平底锅、茶杯、餐具、布料、柳条筐、油漆罐、报纸、稻草等。从美学角度上来说，这绝对算不上令人赏心悦目的幼儿园。

但如果你观察院子里玩耍的孩子们，就会有不同的发现。首先，他们喜欢在旧物回收院玩耍。有的孩子在几件不同的物品之间玩得不亦乐乎，有的只专注于一个特定物件。大部分孩子喜欢结伴玩耍，不过也有那么几个"独行侠"。小朋友们都很活跃，他们心无旁骛地摆弄着自己手里的物件，好像可以玩上好几个钟头。另外，孩子们玩废旧破烂时表现出来的那种专注力和创造力，是你在他们玩普通玩具时见不到的。他们自顾自地摆弄、拆解这些物品，时常为某个物品开发出各式各样让人意想不到的新用途。他们不受任何指引或最佳做法的束缚，也无须仰仗前人经验，一切全凭自己的意愿去发现、行动和创造。旧微波炉在一个4岁小女孩的手里摇身一变，成为航天飞机上的仪表盘，机组成员就是她的小伙伴们；两个男孩利用汽车轮胎为一种特别的镜舞设计了舞台；还有四个孩子合力将拆卸下来的键盘按键变成法力无边的"魔法石"。

在旧物回收院里，孩子们一边沉浸在大人世界里，一边享受着大胆试验的自由。他们把旧电器和家居用品作为玩具，不仅可以探索内部心理活动，了解旧物品蕴含的特质，还能在这个过程中形成自己对因果缘由的洞察。

用废旧破烂做玩具绝非一个单纯的物料试验。玛卡·哈斯解释道："这个过程会调动孩子的整个身心，包括肌肉、感官、情绪、智力、个人成长以及社交互动。"在旧物回收院里，小朋友们得以重现他们从大人身上观察到的交流方式，重新演绎日常生活中的关系、社会地位、性别角色等活动。

正如我在简介部分提到的那样，不管是在以色列还是其他地区，孩子们的创造力都是在早期阶段形成的。许多其他文化背景下的小朋友往往处于无微不至的照顾和每时每刻的保护下，很少有机会能够自由自在地发挥创造力。不同的是，在以色列幼儿园里，小朋友们可以接触到看似不那么合适的甚至具有潜在危险的"玩具"。在这样的环境中，他们才有机会去发挥创造力，锻炼自己的社交技能和创意思维。我的观点也得到了相关研究的支持，研究员伊索贝尔·范德·奎普和英格丽德·维尔休尔发现，由于人的性格在"童年早期阶段具有极强的可塑性，因此，早期教育在培养性格特质或者企业家特质方面发挥着重要作用"。

那么，为什么用损坏的电脑硬件和废旧衣架做玩具就可以培养企业家特质呢？也许你会感到惊讶，但是摆弄这些废旧破烂的确有助于塑造相应特质，比如风险管理、独立自主性、冲突解决以及团队协作。随后我会解释这背后的原理。

创造历史的能力

在常规场景下，孩子们的玩具通常是有着预设用途的静态物品，而这些物品往往受到现实存在物的限制。相比而言，用废旧破烂当玩具则可以为孩子赋能。在旧物回收院里，2 岁的孩子就已经掌握了改变身边环境的能力。教育心理学教授瓦莱丽·波拉科将这种能力称为"创造历史的能力"。

以色列的儿童并非在某个特定的环境中玩耍，而是在自主改变他们玩耍的环境。利用金属桶、汽车轮胎和胶合板，他们可以造出房屋、城堡和交通工具。你能想象一辆用婴儿汽车座椅改造、用咖啡桌来支撑的四驱轿车吗？这辆轿车还配备了锡皮罐头改造的车头大灯和一个正儿八经的方向盘！孩子们随后又拆解了这辆轿车来为新的操作台或发射台腾出空间。像这样创造和改变自己身处的环境，孩子的自主权能够得到最大限度的发展。在这样的成长环境下，每个孩子都有机会成为富有创造精神的企业家。

在玩耍和风险管理中规避危险

学着相信孩子的个人能力并鼓励他们自我独立 —— 作为三个男孩的母亲，这也是我遇到的一大难题。在以色列的育儿环境下，这个问题难以避免，但也得益于这里的环境，我适应起来会更轻松一些。

如果是对以色列不熟悉的人，每当他们看到幼儿园的旧物回收院，往往会大吃一惊。破旧的拖拉机、混凝土下水管、砖头——这不就是一堆破烂吗？但正是因为孩子们可以随心所欲地在椅子上爬上爬下，搬运木质重物或者摆弄几口锈锅，他们才有机会去体验和评估风险。对孩子们来说，拥有一个供自己随意使用的旧物回收院是幸运的，任其去管理其中的风险也是在为他们赋能。当然了，他们可能会在玩耍的过程中受伤，但受伤不就是人生的必修课吗？人生道路上本来就风险丛生。

成年人之所以有能力应对风险、避免伤害，是因为我们掌握了风险管理的技能技巧。孩子们也可以通过不断练习来学习如何应对风险、谨慎行事以划清危险和安全之间的界限。让孩子们自行负责个人安全可以充分展现我们对他们的信任，他们也能因此变得更加自信。这个举动会向他们传达极为有力的正面信息。

以色列的旧物回收院并不是放任不管的状态。幼儿园也规定了基本原则，只要是在遵守原则的前提下，孩子们就可以自由玩耍。这些规定往往是适用于多个场景的通用原则，例如检查玩具结构的稳定性、确保转动的轮胎可以及时停下、绳子只能系在小朋友的腰上，以及只能朝没有人的空地扔东西。对于孩子们的自发行为，这些安全提示往往采取赞美而不是纠正的态度。

无畏：为什么以色列能成为创新强国

合作与冲突解决

对于学龄前儿童和幼儿园小朋友而言，在一堆家用电器周边活动也是个不小的任务。这需要孩子们齐心协力实现一个共同的目标。据玛卡·哈斯回忆，曾有四个小女孩合力搬运一扇旧门。只有当她们亲身感受过门的重量时，才会迅速得出结论：大家必须一起合作才能移动这个重物。艺术家安农·齐尔伯曾在一段采访中提到在旧物回收院的童年经历。他发现，只有在必须完成一项体力任务时，小朋友才会像一个协调一致的小组那样合作。"都是些非常复杂的任务……"他回忆道，"当我们圆满完成任务时，团队合作带来的那种巨大满足感，我现在还记忆犹新……这段经历给予我很大能量，一直到今天，我依然印象深刻。"

孩子们要完成这样的"大项目"，就必须学会解决冲突。在旧物回收院里，他们得学着理解、适应他人的需求、想法和局限，因为个人意愿往往会和同伴的想法产生冲突，而冲突引发的复杂情形就是绝佳的学习机会。遇到困难的时候，孩子们不得不发挥创意，想出大家都能接受的解决方案。有的情况会让孩子们特别伤脑筋，比如他们想在地里设计地道，然后用真空塑料管来实现雨水引流。

企业家和废旧玩具有啥关系？

　　废旧破烂当玩具不是一门辅导课，而是一种教育孩子的哲学方法。孩子们在这个过程中可以检验自身能力、学会团队合作、运用创意思维，就像成年人一样去生活。在以色列，我们并不是刻意让每个孩子都朝着企业家的方向发展，而是鼓励他们去开发一些成功企业家都具备的技能。

　　　　　　　　　　　　　　无畏：为什么以色列能成为创新强国

第二章　打破常规

　　我 4 岁的时候，我们家搬去日内瓦生活了三年，我当时就读于当地一家幼儿园。记得第一天去上学的时候，老师亲切地拉着我的手，把我介绍给班里的其他小朋友。当时我语言不通，但大家脸上善意的笑容依然让我倍感亲切。后来老师带我去操场转了一圈，我看到有秋千、旋转木马、滑梯等熟悉的娱乐设施。

　　我们走到滑梯边的时候，老师让另外一个女孩给我示范一下玩法。只见女孩利索地爬上了扶梯，但老师一直等她到了滑梯顶端的时候才示意我可以往上爬了。等我爬到滑梯顶端，那个女孩早就滑下去了。幼儿园老师告诫我，只有看到别的小朋友滑到底下以后我才能往下滑。整个过程安全有序也不乏趣味。虽然我在以色列的时候也常玩滑梯，但整个过程全然不同。

　　我们现在看看以色列的操场。要是你花上半个钟头观察操场上的孩子们，你可能会惊讶于操场上的一片混乱——孩子们也是在滑梯上爬上爬下的，不过他们可不是从滑梯上滑下来，而是沿着滑梯道往上走；他们根本不踩格子爬梯的踏板，而是抓着爬梯的边缘往上爬；他们站在秋千上荡来荡去，在操场上到处乱跑，大喊大叫。在这里，根本没有排队这回事。

更令人惊讶的是，大人几乎不管孩子们怎么玩。跟日内瓦的幼儿园老师相反，以色列的老师完全不会告诉孩子们如何使用一个娱乐设施，如果看到谁以一种非常规的方式使用设施，老师也不会纠正他。这种不加干预的方式造就了以色列文化的一大特点：对打破常规的行为和"巴拉干"（音译自希伯来语 Balagan）有着极高的包容度。

"巴拉干"这个词是由俄罗斯移民引入的外来语，指一种乱七八糟、十分混乱的状态，现在已经成为一个具有以色列特色的词语了。由于以色列人乃至整个社会系统都带着见机行事、随机应变的风格，"巴拉干"在这片土地上随处可见。不过令人意想不到的是，这在以色列反而是件好事。

在以色列，"巴拉干"这种生活状态并不仅仅适用于孩子们。在大众的认知里，混乱是一种破坏性的力量。不同的是，以色列的"巴拉干"是一个机动灵活的系统。"巴拉干"不提倡一板一眼地遵守各种行为和玩耍规则，而是突出不确定性，侧重培养应对未知的能力。这听起来或许有点违背常理，但以色列人的确是在"巴拉干"中学会了化解冲突和分歧。

何不换种方式

从家庭格局到社会关系再到如何玩耍，孩子们从小就开始接受各种社会标准规范的"熏陶"。做游戏必须用专门的玩具，物品必须归置到规定的地方，凡事都有它"正确"的做法，哪怕是玩也有正确的玩法。举个例子，如果现在在操场上，有的学校会规定小朋友之间不能互相推搡，不能插队和大喊大叫，所有物品都得按规定的用途来使用——滑梯就是用来滑的，梯子就是用来踩的。当然，这种方式也不是没有可取之处，它很适合用来培养讲礼貌、讲纪律而且总是为他人着想的孩子。

不过还有另一种教育方式。在充满"巴拉干"的环境下，孩子们认为世上没有预设的秩序。谁规定不能走在滑梯上了？为什么跟人交谈就得保持礼貌？由于以色列没有一套约束社会和个人行为或者是教人服从的系统，我们得以自由地进行表达，面临不确定性的时候也能够从容自如。只有让孩子们无拘无束地表达情感、需求和渴望，才能培养他们自由表达的能力。而生活本来就充满了未知，不确定性是在所难免的，"巴拉干"的环境使孩子们不得不自己去处理一个又一个的"惊喜"。

我相信孩子们可以从混乱的环境中受益良多。不管是孩子还是成人，"巴拉干"都可以激发他们的创造力、解决问题的能力和独立性，而这正是成功企业家具备的三大高效特质。因此，我常常给我的团队、同事和孩子们设置些小挑战，让他们把常规顺序打乱，给事物添几分"凌乱之美"。

"混乱"的原理

我得承认，"巴拉干"对以色列人来说也不是神药，并不是立马就能从中获得思想自由和创造力。但是，正如玩废旧破烂可以带来诸多益处，"巴拉干"与思想自由和创造力之间的联系也是有科学依据的。有实验研究了混乱环境对行为的影响，结论表明，井然有序的环境通常鼓励人们做出常规行为，但混乱的环境却能够激发新的洞察。贝瑞塔和普里威特也对儿童创造力展开了研究，结果显示，灵活的玩耍方式比井然有序的方式更能激发创意思维。

在排不排队或者使用哪种玩具方面采用更为灵活随意的态度，这样就能产生一种不确定性，谁也不知道下一秒会发生什么。孩子们的社交能力和智力都会受到挑战，玩耍的过程也因此增添了几分乐趣和惊喜。在一个整齐有序的系统中，新加入游戏的小朋友会自觉排到队伍的最后，孩子们无须进行任何交流，因为规则都已经提前定好了。在没有这种系统安排的情况下，当一个孩子想要加入游戏时，其他孩子不得不想办法去适应这个新情况，评估这个新加入者的需求和能力。这个时候没有规则作为参照，必须自己去解决问题。换句话说，充满不确定性的社交场景有助于培养儿童解决问题的能力，也能帮助他们建立自信，开发"逆商"。

我们一家生活在地处地中海海岸的特拉维夫，因此常去海边玩耍。孩子们特别喜欢玩沙子，他们用沙子来建城堡，或者挖个隧道让海水通过。我最近注意到一个有趣的现象：海滩上的外国游客们往往给孩子备齐了城堡、金字塔、海星等各式各样的塑料玩具。孩子按照模板就能建造出令人惊叹的建筑结构。以色列的小孩就不同了，他们的装备往往就是一个小水桶加一把小铲子。没有了标准模板的束缚，他们全凭想象，从而创造出一系列稀奇古怪的建筑。如果孩子拿到的是提前设计好的工具，他们自然会按照规定的用途来使用，但如果你给他们最基础的工具，给他们充分的自由，任其按自己的想法来设计，相信你一定会收获意想不到的惊喜。

混乱产生美

"巴拉干"是以色列的常见词，在超市里、公交车上、政府部门里甚至政治游行中，你都能看到它的身影。"巴拉干"不太受到社会规范和社会行为的约束，容易引起冲突，使人遭受挫折，但它也要求一种随机应变的能力。

阿尔伯特·爱因斯坦有句名言："如果凌乱的办公桌是一个人头脑混乱的迹象，那空荡荡的办公桌又是什么迹象呢？"《纽约时报》的佩内洛普·格林以及其他专家就这点进行了研究，研究结果表明"凌乱的办公桌体现了桌子主人的创造力和可塑性",他们的收入反而高于那些时刻保持桌面"整洁"的人。佩内洛普·格林引用了神经心理学家杰罗尔德·波拉克的观点:"要想凡事都做到有条不紊,那就是在试图否认和控制人生的不可预测性,这是无用功。"

我自己在创业过程中也深有体会。其实在创业的某些阶段,出现混乱是有好处的。在与初期创业者共事的时候,我总是建议他们每天换个不同的座位,因为如果安排了固定座位,每个人身边坐的都是互相熟悉的人,这样就会营造一种舒适可控的环境。每天更换座位可以使人获得新的眼光和不同的视野,在不同座位听到的声音也有所不同。另外,更换座位也有利于彼此之间建立新的联系,留下新的印象。这个小小的改变就能训练创业者面对不确定性时的应对能力,实践证明,这能使创业者在小组交流中积累更加丰富的经验。

如果生活本身就是混乱无序的,是不是说明,我们与其试图建立秩序,倒不如培养自己应对不确定性的能力?混乱无序的状态其实潜藏着很大的灵活性和适应性,而有条不紊的秩序则非常脆弱,一点点偏差就足以打破秩序。"巴拉干"鼓励人们适应、采用新的未知方法,也促使大人和小孩不断反思自己对"秩序"的执念和想当然,从而学会探索其他可能性。

在《完美的混乱》(*A Perfect Mess*)一书中,作者亚伯拉罕森和弗里德曼认为:"不管是人、机构还是系统,缺乏一定秩序和条理的往往比那些井井有条的更加高效，也具备更强的适应力和创造力。"聚焦环境影响的前沿研究也表明，混乱的状态与高效的决策能力之间存在密切联系。

德内格里·诺特和帕森斯对此有进一步的补充，他们认为，混乱并不代表"思维混乱"，有时候人反而容易在混乱的状态下发现更好的思路。在他们看来，无论是以最简单的形式呈现在孩子的话语中，还是以其他形式呈现在家庭和工作场所中，"巴拉干"都能鼓励我们不断反思"内心深处对'秩序'的执念和想当然，也促使我们考虑其他可能性"。这不就是创业的精髓所在吗？

第三章　玩篝火

　　没有哪个小孩不喜欢篝火。但出于安全方面的顾虑，很多地方的家长在这个问题上谨慎得不能再谨慎。以色列父母却恰恰相反，他们选择鼓励孩子去主导整个过程。

　　每逢犹太篝火节的前几周，以色列的孩子们就会自发地做好各种准备。捡木材、找营地、买食材、传话……他们做这些事情完全不需要大人的提醒和督促。如果不提前几周开始准备工作，就找不到点火木材，扎营的好地方也都被别人占了。篝火节当晚，孩子们会负责清理营地、点火，然后绞尽脑汁使篝火燃烧一整夜。家长呢？不是在远处某个地方静静观察，就是在床上睡大觉。

人人都爱篝火

　　我家那几个孩子尤其喜欢篝火节。对孩子们来说，这可是个为期三到四周的大工程，既考验体力和谋略，又需要耐心和合作。点燃的篝火是孩子们引以为豪的作品，但他们很少大肆渲染中间的筹备过程。受到父母或其他人的表扬时，这些孩子总是无所谓地耸一耸肩，说一句"katan alay"，也就是希伯来语中"不足挂齿"的意思。人们通常用这个短语来使值得称道的事情显得不足挂齿。从字面上来看，"katan alay"的意思就是"小事一桩"，但稍微延伸一下，也可以用于泛指"baktana"，也就是"小"的意思。孩子们小小年纪就能在篝火节完成如此繁杂的工作，这绝对算是不小的成就。但他们对表扬的反应却出人意料，就回复那么一句无足轻重的俗语，仿佛一切不值一提。我也弄不清楚这背后的缘由，但我猜这大概是他们自己的一种"老练"方式吧，在面临复杂艰巨任务的时候说不定可以帮他们建立信心。

在为篝火节做准备的为期四周的工程上，第一项工作就是拾取大量的木材。但是在森林并不多见的特拉维夫，家长会出钱给自家孩子买现成的木材吗？老实说，这在以色列是不可能的。那孩子们都上哪儿去找木材？有些胆子大的会冒险去附近的杂树林，有的会去垃圾处理中心搜寻别人扔掉的旧桌椅。商店、学校以及任何其他能够想到的角落都不会被漏掉。不过大部分小孩还是会锁定建筑工地：一个绝对能找到木材的地方，数量管够又不需要花一分钱。

每到篝火节前夕，建筑工地就会被成群结队的小孩子包围。工地上的木托盘、木板箱、横梁……任何能够"搜刮"到的东西都不会被放过。这样一来，木材是找到了，但新问题也出现了：怎么才能把这些好不容易找到的木材弄到篝火营地去？自行车的空间肯定不够，身边又没有手推车和独轮车，爸爸妈妈也不可能同意用轿车来装这些破烂……最后，孩子们想到了超市的购物推车。

请试着将以下场景代入您所在城市的街头：一帮推着超市购物车的小孩在街上来回奔走，而购物车里装满了刚刚从工地"解放"的木材。这差不多就是以色列整个5月的街景。看到孩子们在街上忙碌的身影，没人会去干预或者训斥他们，大家早就司空见惯了。篝火节活动结束后，孩子们会自发地乖乖把购物车还给超市，这一点大人们从来不需要操心。

找好木材就可以进入下一步了：对选好的篝火营地"宣告主权"。我们家只能在附近加油站的背后勉强找到一片空地，所以十几年来，这一片的孩子都在这儿点篝火。

篝火节当晚将呈现一派壮观的景象：天还不到黄昏，空地上的篝火已经全部点燃了，孩子们兴奋地围着篝火转着圈。有的篝火看上去只有小小的一团，用来烤棉花糖也只是刚好够用。偶尔也能看到几簇熊熊燃烧的大篝火，就跟印第安帐篷似的，火苗能蹿到一个成年男子那么高。大人们吃着西瓜、啃着香甜的玉米棒，坐在篝火堆后面相谈甚欢。我们年年都以这种方式来庆祝篝火节。

篝火把人们聚在一起，给漫漫长夜带来温暖和光亮，但不同文化对篝火的处理方式是截然不同的。拿美国来说，人们必须遵守大量有关篝火的严格规定以确保安全。美国人希望孩子们先熟记基本规定，然后才能真正地靠近火源。克里斯·盖伊是密歇根州的女童军队长和营地志愿者，20多年的经验让她对各种规定如数家珍："不在靠近篝火的地方玩；不能乱跑；不能随意传东西；必须穿合身的衣服；带宽松飘带的连帽衫不能穿；尼龙布属于易燃材质，尼龙材质的衣服不能穿。篝火营地的地面也要注意：篝火坑一般3—4英寸长，周边的树叶和树枝必须清理干净以免被空中带着火星的燃烧物点燃。"按照盖伊的说法，A字形的篝火最稳定安全，当然了，篝火堆得由大人来负责搭建。小朋友必须坐在离篝火3—4英寸远的椅子上。对了，还得跟他们特别强调一点："只有在烤东西吃的时候才能靠近篝火。"

要是让盖伊来体验下以色列的篝火节，怕是得犯心脏病吧！

以色列式玩法

篝火节当天，孩子们在黄昏前就早早开始集合，来来往往地忙活着把拾取的木材堆成篝火堆。如果自家小孩已经小学毕业，父母一般只会在一旁"观察"个把小时，然后离开让孩子们"单干"。随着天色渐暗，孩子们就自顾自地点燃篝火，而父母只是在旁边默默围观，绝不多事插手。不管是拾木材、捡杂草、点火柴，还是对着刚点着的微小火苗轻轻呼气，每个孩子都各司其职，整个就是一个团队协作。为了保障有足够燃烧一整晚的柴火，孩子们整晚都得担起规划木材用量的职责。除此之外，他们还得考虑什么时候把锡纸土豆扔进篝火烤熟，等到天亮的时候再负责把篝火扑灭。

这看似是个苦力活，但这样由着孩子们围坐在篝火旁，随心所欲地聊天、玩游戏、唱歌，能使他们享受到完全的自由和无穷的乐趣。让一帮小孩子负责照看篝火、保护自身安全、策划持续几个小时的活动、在户外玩个通宵，甚至挣脱爸妈的"束缚"跟小伙伴整晚泡在一起……不用想也知道这对小孩子有多大的吸引力。一年一度的篝火节是我最美好的童年回忆，也是我三个儿子最喜爱的节日。

这样真的合适吗？

很多人可能会批判这种做法。在他们看来，明火是有一定危险性的，之所以衍生出教育指引和示范实践自然有它的道理。未成年的孩子怎么能负责自身安全呢？但在以色列，比起接受他人的直接教学，人们更倾向于从自身经验吸取教训。面对明火等危险事物时，以色列人会放手让孩子自己去摸索正确的应对方式，这种切身体验就是孩子们的宝贵一课。他们学到的第一点就是，明火跟许多其他事物一样，是有一定危险性的，但只要方式正确就能确保安全。此外，他们也会从中意识到，外面的大千世界正等着他们去探索，父母无法始终陪伴左右。

以色列人对篝火节的这套应对方法可以激发孩子的潜力、独立性以及追求自由和大胆试验的勇气。如果是在美国，那边的父母大概会告诫孩子不能把硬纸箱扔进篝火，因为这会导致大量"令人窒息"的浓烟。但以色列的情况就不同了，脱离大人"监视"的孩子可能早就在好奇心的驱使下把硬纸箱扔进去了，不过领教了随后冒出的滚滚浓烟以后，他们下次自然就学乖了。

　　同理于把废旧破烂当垃圾，孩子们在这种模式下有充分的自由去大胆试验、认识世界。这种自由是以色列父母给予孩子的礼物，孩子们也能从中学到宝贵的一课，认识随之而来的责任。在与一帮小伙伴准备篝火的过程中，孩子们将学习如何应对突发事件，如何在重要社区活动中做出贡献，以及如何组建一个团队为共同的目标而努力。篝火节这个契机既能使孩子对个人能力和自由有更加深入的认识，也能使其产生一种群体认同感。

去户外吧

　　其实以色列的小孩并不只是在篝火节才有机会在户外尽情玩耍。以色列的孩子经常跑去户外，有时是一个人，有时是成群结队的一帮孩子，总之一般都没有家长跟着。就拿我家儿子来说，他们5岁左右就开始在我家附近四处晃悠了。到了晚饭时间，我经常让14岁的大儿子去把弟弟们叫回来吃饭。他刚开始肯定也不知道上哪儿找，毕竟他们可能在 24 小时开放的学校院子里，可能在操场，也可能在商业中心。但他还是相信自己绝对找得到。如果父母不知道自家孩子在哪儿，这在其他地方可能被视为不负责任，但在以色列就太普遍了，让孩子自己出去玩儿是这里的常态，没什么可大惊小怪的。孩子们在外面的活动也不仅仅是玩儿，比如我 9 岁大的儿子会在放学回家后出门遛狗，他两个哥哥则负责早晚交接。

让孩子出门玩耍能让他们的身心得到锻炼，这也是我们推崇这种方式的原因之一。在北欧国家，户外活动也被列入了教育体制。3—6 岁的北欧小朋友可以去"森林幼儿园"上学。这种类型的幼儿园通常设在户外，无论天气是晴、是雨还是刮风下雪，小朋友都风雨无阻。仅在丹麦就有 10% 的户外幼儿园。

跟其他西方国家的幼儿园相比，"森林幼儿园"是一种突破性的新模式。美国得克萨斯州的记者科塔拉·维尔斯发现："美国儿童每天只有大约 7 分钟的户外活动时间，多达 40% 的美国学校减少或者直接取消了课间休息时间，还有很多学校在气温降到零下的时候要求孩子待在室内。"

如果换作芬兰或者其他北欧国家的"森林幼儿园"，情况就会完全不一样。就算外面的气温降到了零下，孩子们还是一样在外面玩儿，有爬树的，有把树枝磨成匕首的，有在积雪的树林中蹦跶的，有抱团玩游戏的，就跟平常一样。以色列吸收了户外幼儿园的部分理念，在密兹比拉蒙的沙漠小镇设立了第一所户外幼儿园。那儿五六岁的小朋友不仅掌握了生火的技能，还知道怎么烤皮塔饼。这里的老师鼓励小朋友学会独立，让他们学会照顾好自己、适应天气、保持适当运动，还让小朋友发挥想象力，在树丛中建造出一个美丽的魔法世界。

孩子们放学后的户外活动甚至更加丰富多彩。每年的 4—10 月是以色列的夏季，这个季节比较温暖干燥，而以色列的冬季气候也非常温和舒适，所以孩子们闲暇之际总会在户外打发时间。就像玩废旧破烂和庆祝篝火节那样，大人们只会给一些基本的安全提示，之后就任由孩子们自行探索。如果天气太过炎热干燥，大人们也会教孩子采取预防措施，但孩子的行为和想象是完全不受限的。

有人认为，以色列温暖的体感孕育出了一种"有温度的文化"。威廉姆斯和巴格是市场营销和心理学领域的教授，他们在美国开展的研究发现"温暖的体感……使人际交往升温"。在以色列文化中，人们经常会用到身体语言。各种各样的手势和身体接触在日常沟通中十分普遍，也最能直观体现双方的理解程度和合作意愿。亲密的人际交往环境是以色列创业生态系统的核心，也是以色列跻身创业大国的原因之一，我在接下来的章节中会进行详细阐述。

当我试图从创新精神、有序混乱和大胆试验中理出头绪时，我突然想到了米查·考夫曼的故事。他是世界上最大的全球性任务众包平台 Fiverr 的创始人兼首席执行官，通过这个平台，企业家、初创企业和知名企业得以进入全球最大的自由职业市场。

时间倒回至 1967 年，一对年轻夫妇抱着满腔爱国情怀，从阿根廷乘船前往以色列，立志要在下船后穿上卡其军装，在区域战役中为以色列军队效力。结果就在他们前来的路上，战争在六天之内就结束了。既然没有了参军的必要，夫妇二人上岸之后就在基布兹安顿了下来，他们带来的家当在路途中几乎被人偷了个精光，只剩下两把吉他。这对夫妇安顿下来以后，米查兄弟二人出生了。小时候父亲驾驶拖拉机和耕田的情景，米查仍然记忆犹新。父亲开拖拉机或者在基布兹工坊修理物品的时候，5 岁的米查常常坐在旁边，看父亲忙活着焊接、切割这些工作，偶尔还能搭把手。20 世纪 80 年代那会儿，几乎每个基布兹都设有一个公共儿童休息区。在米查的印象中，休息区的孩子从来都不安分，总是跑来跑去，互相推搡玩闹，总之环境又乱又吵。不过事后回想起来，他反而非常享受这段没有父母监管的时光。靠海的环境最不缺的就是新鲜空气和辽阔空间，这一切潜移默化地影响着米查的童年。无拘无束的自由、阳光下的金色田野、工坊的手工修理活儿，以及那种强烈的归属感和集体身份的认同感，都是基布兹所特有的，也是米查美好的童年回忆。

　　遗憾的是，基布兹提倡的完全公有的生活方式与米查父母的想法背道而驰，他们最终决定离开基布兹。一家人又回到了一无所有的状态，情况比当初只剩两把吉他的状态也好不了多少。刚开始的时候，米查的父亲为了找一份工程师的工作而四处碰壁，后来入职了一家半导体公司担任绘图员。那时的生活平静而简单，夫妇俩的重心就是工作和养家。家里购入的第一辆轿车是一辆二手的西姆卡（Simca），每周都得修一次，就跟当初在基布兹修理工坊的日子一样。不久后，米查父亲在工作中的付出和才干得到了公司的赏识，他在短短几年内就成了这家半导体公司的 CEO，在业内也是广受赞誉的知名高管。

米查不喜欢上小学，上学实在是太无聊了。他是学校老师公认的"捣蛋鬼"，是老师口中那个"未能发挥自身潜力"的孩子。小学四年级的时候，10 岁的米查就开始逃课打篮球或者在海法山坡附近的空地闲逛。米查喜欢自己动手，修理、组装、建造，样样都不在话下。为了好玩儿，他甚至跟小伙伴一起制作了鞭炮！他们从父母的军用子弹里找到火药，利用火柴里的硫黄，然后装进不用的、旧的小零件里做成鞭炮。"我把它称作试验出来的技术教育。"米查告诉我。他从来没感到恐惧害怕，而是坚信一切都会顺利，自己有能力实现任何事情。当然了，生在一个不断冒险的家庭，米查走上连续创业的道路也就不足为奇了。

米查曾在以色列海法大学攻读知识产权法。不过行动派如他，整天坐办公室的工作并不是他的追求，所以他果断翻篇，决定重新开始。

2003 年，米查和合伙人（一个素未谋面的俄罗斯研究员）一起创办了 Keynesis 公司。Keynesis 公司致力于为银行业和航空业提供安全软件，并且从成立之日起就大获成功。米查对全新开始的渴望是建立这家公司的契机，这简直跟他父母的风格如出一辙。遗憾的是，Keynesis 的成功并不长久。几年后，米查创办了专注视力提高的 Invisia 公司，随后又在 2005 年成立了互联网广告运营公司 Spotback.com（提供的技术类似今天的广告技术公司 Outbrain）。由于对手是经验丰富、资金雄厚的巨头公司，Spotback.com 很快就败下阵来。几次创业失败给米查上了重要的一课：不是所有故事都能走向皆大欢喜的结局。不过这些经历倒是使米查的首本畅销书问世。

2007 年，米查组建了 Accelerate 智囊团，为行业专家和技术大牛提供了一个探讨未来软件和互联网发展的交流平台。2009 年，赛伊·温宁格打给米查的一通电话使他们诞生了建立在线自由职业服务市场的想法。米查接过太多类似的电话，套路都一样，对方一开口就是："听我说，我有个想法……"一般来说，米查听对方讲完，再简单聊个几分钟就没有后文了。虽然赛伊的开场白跟其他人也没什么两样，但米查总觉得这通电话有点特殊，以至于他第二天还在寻思赛伊的话。最终两人一致认同了这个想法的特殊价值。米查用了几天时间来建立一个可靠的商业模式，确保将资源和时间投入一个潜力巨大且能够影响无数人生活的领域。经过几天的思索，他越发确信：完全可以按这个想法创建一家伟大的公司，它将为广阔市场带来无穷价值。

Fiverr这个全球首屈一指的在线服务市场就这样诞生了。众多自由职业者因此得以在上面提供创意服务。不同于以往只能在线下招募自由职业者的模式，Fiverr进行了彻底变革，人们只需轻点鼠标，即可通过平台预定数字服务。Fiverr的"服务即产品"（或"服务产品化"）理念完全转变了人们对商业的理解，也使服务提供商和消费者的角色发生了变化。

Fiverr成功的背后其实就是一个简单粗暴的概念——康避那（音译自希伯来语"Combina"）。通过联结数字空间与实际服务提供者，它解决了一个在过去看来十分棘手且代价高昂的问题。希伯来语中的Combina源自英文单词"combination"，意思是找到非官方的解决方案，有点绕开烦琐的体系或机关手续的意味。Fiverr这种打通消费者与服务提供者沟通渠道的方式也许不是常规做法，但暂时也没有其他更为简便有效的方案。

这段成功的人生新篇章建立在米查过去无数次成功和失败的经验教训上，最早可追溯至童年时期。不久前他告诉我："我的很多灵感都是来自父母。他们在我很小的时候就给我很大支持，这让我保持好奇心，按自己的想法做事，从而成为一名企业家。"

拥有这样开明的父母，米查的确应该感到自豪。另外一个家庭也是采用了同样的教育方式。这个故事的主人公是当今世界首富——亚马逊的创始人杰夫·贝佐斯。在工作中，杰夫无疑是一名卓越的企业家，在生活中，他是四个孩子的父亲。他曾亲口证实自家的

"四个孩子从四岁开始就拿刀当玩具，七八岁的时候就开始玩电动工具"。在提到背后的原因时，他回答说："让孩子去承担风险和自力更生有利于培养随机应变的能力 —— 这在商业和日常生活中都是非常重要的特质。"

　　　　　　　　　　　无畏：为什么以色列能成为创新强国

第二阶段

验证

初创公司也好，成熟企业也好，任何阶段的企业都必须对其推向市场的产品进行全面验证，仅仅是发现需求和满足需求还不足以确保成功。想要建立并提升真正的市场信誉，就必须采取进一步措施。

任何试图验证其模式可行的企业都得关注产品和市场的契合度，那么第一步就得把商业计划中列出的理论性需求抛到一边，先弄清楚市场上对特定产品或服务的实际需求。

这个阶段一定要保持开放的心态，积极听取来自外部的反馈意见。这包括接收来自目标市场的信号、重新审视原先的假设和判断，以及重新评估最初定义的边界和限制因素。反问自己：谁是我的目标受众？哪种商业模式最有效？我的竞争优势是什么？如果自己的假设全是错的该怎么办？

在验证阶段，建议创业者将注意力转移到以下方面：包容批评意见、检测限制因素、应变能力、尽可能多地大胆实验，当然还有最重要的一点——接受失败。

回顾以色列的童年生活，我发现原来我们很早就开始锻炼各种能力了，由此才培养出了思维灵活敏捷、头脑机智又有合作意识的孩子。

第四章 "我们"当中也有"自我"

　　惨绝人寰的纳粹大屠杀没有阻挡以色列建国的脚步。以色列成立于 1948 年，是第二次世界大战结束后新成立的众多国家之一。欧洲有部分幸存下来的犹太人沦落为难民，乘船前往海法和雅法港口。其他地区受反犹太主义迫害的犹太人也加入逃亡之旅，他们大部分来自伊朗、北非或周边的阿拉伯国家。从世界各地跋涉而来的男男女女聚集在巴勒斯坦港口，所有人都怀揣同一个梦想：建立一个犹太国家。

　　以色列国是怎样建立的？有一首童谣描绘了当时的情形：

　　我的祖国以色列

　　——达蒂娅·本·德罗

　　美丽的以色列国开满花儿。

　　谁来建造谁栽花？

　　大伙儿出力共建家！

一座房屋平地起，

美丽家园人人享。

热土之上是我们的家……

接着是好几个人的独唱，由每个人诉说着自己做出的贡献：

我来栽树；我来修路；我来搭桥。

每独唱完一句就跟着一段大合唱：

我们有了家，

有了树，

有了路。

歌里问："谁来建造谁栽花？"

"大伙儿出力共建家！"所有人整齐划一地答。

《我的祖国以色列》是孩子们从小就耳熟能详的儿歌，学校在独立日到来之前也会教孩子们唱。我上幼儿园的时候就学会了，我儿子这一代也是从幼儿园就开始学。这首歌让我们了解到，所有人共同出力、各自分工才有了今天的以色列国和以色列文化。

这首简单的儿歌现在还在学校传唱，它既具有象征性，也蕴藏深意。这首歌折射出了以色列社会的独特一面：集体和个人之间的正向作用力。原来从建国之初就是如此。

以色列建国后不久，我母亲就从波兰移民过来。差不多也是那个时候，我父亲从埃及移民来了以色列。他们相识于以色列南部城市贝尔谢巴的本·古里安大学。两人来自不同的国度，有着不同的语言、文化背景和截然不同的成长经历，尽管如此，他们还是相爱了。除此之外，要说他俩还有什么共同点，那就是跟来自七十多国的移民一代共有的目标：在全新的以色列国拥有自己的家园和家庭。

移民之间语言不通，所以他们得学习一门共同的新语言，这也关乎个人的未来和全体人民的共同命运。在希伯来语中，"an"是表示"我"的单词的词根，同时又是表示"我们"的这个词的基础。由此可见，"我"和"我们"密不可分。虽然有一句老话说"我是我，我们是我们"，但从希伯来语的渊源来看，这句老话在以色列是肯定行不通的。

积极的对立

我们一般都能把文化大致概括为个人主义或集体主义两种类型。在偏个人主义的文化中，人们得自己满足个人和家庭的物质、情感需求；而在集体主义的文化中，个人很快就能彻底融入强大且具有凝聚力的小圈子。西欧国家和美国的文化崇尚个人主义，个人的成就和权利永远排在前面。而危地马拉、中国、日本、韩国这些国家则偏向集体主义，人们推崇无私奉献、关注大家庭、重视合作。

不过这并不意味着个人主义和集体主义就是完全对立的。个人独立的同时也需要集体归属感，这是根植于人性的基本需求。每个人各自的态度、记忆和行为构成我们的个人身份和社会身份。而个人身份和社会身份源自我们所属的集体，两者之间相辅相成，但又有着不同的平衡。

昆士兰大学的心理学教授马修·霍恩西指出，在个人主义社会中，"自我通常优先于群体，如果集体支持个人表达的自由，集体成员的身份也是受到重视的"。但与集体主义文化不同的是，个人主义社会将不顺从和排斥集体束缚的行为视为一种美德，而在集体主义文化中，这些行为则是不成熟的幼稚表现。

说到如何平衡个体和集体层面需求，本尼·莱文可以称得上是这方面的专家。本尼一家是典型的"萨布拉"（以色列本地出生的犹太人），他的父母和祖父母在以色列建国以前就生活在这个地区。他的祖父在当地率先从事酿酒业，起先在卡梅尔酒厂工作，后来开始自己经营出口生意，做得有声有色。本尼母亲出生的宅子是本尼外公从罗斯柴尔德男爵那儿接手的房产，后来本尼也在这栋宅子里出生。生在这样典型的以色列家庭，本尼的童年必然充满了以色列特色。

本尼曾在以色列童军团接受训练，并在训练过程中表现优异。高中毕业后，他参加了以色列国防军的 Atuda 项目，项目成员可以推迟服役时间，等大学毕业后再以长官身份（医生、工程师等）入伍。本尼学习电子工程，随后在国防军 8200 精锐情报部队服役。

退伍后，大部分 Atuda 项目的成员会选择继续留在部队，但本尼是个例外。虽然曾在部队担任技术长官，但他最终决定在入伍后的第十四个年头离开部队。本尼还拉上了七个战友，八个人从此踏上一条完全不同的道路。老实说，他们一开始完全没有明确的方向，就是单纯想要一起干出一番事业。典型的以色列思维。最终，几个人充分发挥了自身的优势和技能，于 1986 年成立了耐斯系统有限公司，专门为企业提供软件解决方案。尽管公司很快就成长为以色列的科技巨头，本尼却选择在第十五个年头卸任 CEO。本尼倒不是厌倦了这份工作，而是觉得到了自己离开，让公司更好传承的时候。2001 年，本尼与人共同创立了 dbMotion 公司并担任董事长一职，主要帮助医疗机构利用数据资源，这家公司可以说是医疗数据管理领域的先驱。2013 年，dbMotion 被麦赛斯医药公司以数亿美元的价格收购。

从童年经历到军队服役，再到成年后的职业生涯，本尼发现自己一直过着一种集体生活。在商业领域，兑现投资就是大家的唯一追求。本尼决定换一种生活方式，继而将目光投向了社会领域，专注医疗、教育和就业问题。2001 年，本尼与施洛莫·多夫拉特、埃里克·本哈莫、伊茨克·丹齐格和尼尔·巴卡特等企业家共同创立了 IVN 公司。该公司的第一个项目就是为学校管理者和政府机关提供管理工具。通过这种做法，本尼不仅打破了非营利部门与科技界和商界之间的壁垒，也得以充分发挥他从童年生活、入伍经历和商界实战中习得的一整套技能。IVN 公司目前有五十多个社会公益项目正在进行当中，项目目标包括帮助边缘青年、残疾人和贫困人口，推动就业、脱贫，扶持有特殊需求的社区等。这些项目将商业智慧、技术专长和社会公益目标有机地结合在了一起。如果你要和本尼见面，多半都会约在他负责领导的青年村。青年村里都是些弱势儿童，孩子们能在村子里感到一种归属感，也能学习一些必要技能。本尼主导的所有项目都在强调集体的力量和意义。JDOCU 是本尼发起的一个新项目，由一帮爱好摄影的慈善家走访各地，记录那些与世隔绝的犹太社区。对本尼而言，每次回到以色列与妻子、孩子和孙辈团聚，就意味着回到另一个小集体。

如上所述，以色列社会仿佛在个人主义和集体主义之间实现了某种平衡。当然，我不是说不存在个人主义与集体主义相对立的情况，只是说两种价值观实现了共存，不会一直相互拉扯。

只有当个人目标和团队目标一致时，才能实现项目的成功。就拿我儿子来说，有一次快放暑假的时候，学校突然发出通知，让他们班负责准备下学期的开学典礼。一帮 9 岁左右的孩子有机会准备全校的开学典礼，这意味着他们不仅要上台表演，唱歌、跳舞，还要代表学校欢迎一年级的新生，他们的兴奋程度可想而知。

这是三年前的事了，这帮孩子现在还记得当时既兴奋又害怕的感受，就好像自己才是一年级新生似的。他们的共同目标就是利用暑假完成这个项目（或者至少赶在开学前最后一周搞定）。老师没有提前给每个孩子分配角色，没有规定谁来参加，具体的形式也完全由孩子们自己来定，定好了通知老师就行。从选歌到舞蹈动作，再到主持人、音频负责人、表演者的分配，孩子们全权负责。作为一个团队，他们必须共同努力来确保开学典礼的顺利举办，但与此同时，他们也有充足的空间来展现个人主义和自身的闪光点。

多样性的集体

这种个人主义与集体主义之间的积极对立源自何处？我认为，它得益于以色列的群体多样性。以色列是全球最具种族多样性的国家之一，其人口由来自七十多个国家的移民组成。可以说，多样性就是以色列最宝贵的资产之一。截至 2014 年的数据显示，以色列犹太人包括 25% 的移民、35% 的移民子女，另外还有 40% 的第二代以色列人。如此多样化的人口让我们很难说清楚谁是真正的以色列人。以色列人当中包括摩洛哥人、俄罗斯人、波兰人、埃塞俄比亚人、美国人、埃及人、乌克兰人、乌兹别克斯坦人等，所以我们无法简单地把以色列人划成一类人。就拿我自己来说，我母亲是西伯利亚出生的波兰人后裔，而我父亲又出生在埃及。

群体多样性就是产生创新的温床。移民们带着原籍国的传统、知识和特质来到以色列，为其人口带来了极大的多样性。而从国家层面上来说，多样性将在一国的经济和文化领域发挥巨大的积极作用。

在美国，许多知名企业的创始人都有着移民背景。美国新经济研究基金的报告显示，40%的财富500强企业都是由第一代和第二代移民创办的。要知道，能够提名的绝对不是小公司。"比如苹果、谷歌、AT&T、百威、高露洁、易趣、通用电气、IBM和麦当劳，这些都是我们熟知的美国品牌，但他们的创始人要么是移民，要么就是移民二代。"

和美国一样，以色列的创业文化也和移民社会的性质息息相关。这背后有很多原因，其中一个就是，选择移民的人骨子里就愿意承担风险，也坚信努力奋斗的意义。他们勇敢地离开祖国，远离熟悉的环境，选择从头开始。初来乍到时，他们必须快速适应陌生的环境，这就需要他们踏出舒适区，从挑战当中快速学习。而在以色列，个人抱负和集体目标往往是密不可分的。

从我父母那一代开始，所有移民以色列的人都有一个共同的愿景：在这片自己亲身参与建设的土地上安居乐业。这个共同的奋斗目标也是产生群体的基础。

许多伟大企业家的传奇故事都始于异国他乡，基拉·兰丁斯基也不例外。20世纪90年代，兰丁斯基家的女人们收拾好行囊，决定从乌克兰举家移民到以色列。匈牙利的武装士兵粗鲁地把祖母、姑妈、母亲和当时只有4岁的基拉推上了飞机，经过一段充满艰辛的旅程，等到基拉和家人终于顺利抵达以色列时，他们的行李却不见了。

当时正值海湾战争期间。兰丁斯基一家连基本的随身物品都没有，更别提防毒面具了。基拉和姑妈在此起彼伏的警笛声中走在海滩上。"长大以后你想做什么？"姑妈问基拉。基拉把脚埋进沙子，说道："那当然是当科学家喽。"这个回答倒是在姑妈的意料之中，因为基拉在一个工程师世家长大，尽管当时大部分的乌克兰人都疲于应付日常生活的琐碎，这家人却个个求知若渴，学识渊博，在乌克兰也是出了名的。

基拉是以色列理工学院的荣誉毕业生，毕业的时候才15岁。随后，她在18岁那年入伍服役，加入了以色列国防军的情报部队。2006年的黎巴嫩战争就应用了基拉和队友共同研发的技术，她们也因此被授予以色列国防奖。军旅生活完全不同于基拉前十几年的生活经历。她人生第一次碰上自己一无所知的话题。不过基拉相信自己的自学能力，奋起直追也没什么大不了的。从小样样第一的她失去了"第一名"的光环，这既挑战了她，也激励了她。退伍以后，她用了不到一年的时间就完成了硕士学位，紧接着开始攻读计算机博士学位。老实说，基拉做出这样的选择不足为奇，毕竟她从小就成长在一个崇尚知识的移民家庭中。

基拉在 23 岁那年踏入了婚姻的殿堂。有意思的是，新郎是她儿时的玩伴。早在 8 岁那年，他就赢得了基拉的芳心，而求爱成功的秘诀竟然是解决一道复杂的数学难题。基拉的心里住着一个热衷研究的探索家，这也是她在婚后继续不断研发的原因。当然，她很快就成为一位受人尊敬的知名学者，同时也任职于微软公司的研究部门。在攻读博士学位期间，基拉成功开发了一个基于算法的预测程序。她将大量数据导入一台基于延时模式的分析机器并以此生成预测规律。基于近 150 年的新闻、社媒信息、搜索引擎结果等数据，基拉成功预测了多起重大事件，包括 2013 年天然气价格上涨后席卷苏丹的极端暴力行径，以及 130 年后再次席卷古巴的霍乱。基拉的科学成就是他们一家的骄傲。因此，当得知基拉要离开微软开启人生新篇章的时候，她的家人感到既惊讶又失望。"试试看吧，看我还能在哪儿发挥作用。"她这样想。最终，在以色列鼓励冒险、探索和追求远大梦想的氛围熏陶下，基拉勇敢踏出了自己的舒适区。2012 年，基拉与雅伦·扎凯创立了一个开展经济预测的公司SalesPredict。2016 年，易贝（eBay）以 4000 万美元收购了该公司，目前基拉仍在易贝工作。

基拉在预测分析领域做出了巨大贡献。如果我们可以将人类思维模式应用于一台分析海量数据的机器上，那么不管是电子商务、医学、政治领域，还是任何其他领域，都将发生翻天覆地的变化。

基拉开展的实验对未来的人工智能发展提出重要一问：如何利用海量数据？

　　兰丁斯基一家不乏白手起家的成功女性，基拉只是其中一个。除了成功职业女性这个标签，她还有一个身份：两个孩子的母亲。在大家看来，基拉的未来注定是一条成功的康庄大道。但基拉的家人还是比较保守，在他们看来，不是所有事件都能百分之百地预测准确。不过有一点基拉可以肯定，如果女儿将来有任何梦想，不管听起来是多么荒诞而遥不可及，她都会支持女儿大胆追梦。"做什么和怎么做是她自己的事。她得自己学会独立。"基拉说道。

"小团体" 的力量

　　小时候熬夜看过小说吗，就是躲在被子里打着手电筒看的那种经历？《南茜·朱尔》和《哈迪男孩》系列侦探丛书是美国小朋友的最爱。但在以色列，令小朋友们爱不释手的侦探小说则是《哈桑巴》系列。在希伯来语中，"哈桑巴"的意思就是"秘密小团体"。这个系列侦探小说的风格类似于《南茜·朱尔》和《哈迪男孩》，故事围绕着一帮解决疑难案件的孩子展开。《哈桑巴》系列最早出版于1949年，很快就风靡当地，成了畅销的希伯来语儿童书，销量已经超过了100万册。对比以美两国的儿童书籍，我们会发现，美国的儿童侦探小说只有一个主人公，但《哈桑巴》系列侦探小说却讲述了一帮孩子共同打击犯罪的故事。这个小细节的背后是巨大的文化差异。

在以色列，团队合作、社区建设以及社交是孩子们童年时期的几大核心课题。因此，"小团体"发挥着极其重要的作用。在英语中，"小团体"对应的单词"gang"其实带点贬义。但如果翻译成希伯来语，对应的就是"哈武拉"（音译自希伯来语"chavura"）。"哈武拉"这个词没有一丝贬义，指的是一帮结识于学校、课外活动或者周边邻里的人，他们空闲时间总是聚在一起。"哈武拉"编织了每个以色列孩子和成年人的社会网络。

团队合作带来的乐趣是无穷的，我在前文提到的以色列幼儿园的破烂玩具和孩子们负责准备篝火节就是例子。我13岁的儿子丹尼尔也有自己所属的小团体，其成员都是他从幼儿园就已经认识的发小。从一年级开始，他们几乎每天下午都会约在学校操场上踢足球。这完全是自发组织的课后活动，也没有教练教他们。虽然小团体内部安排好了负责带球的人，但有时候其他人也会带球以防万一。总之就这么由着孩子们来，没想到他们还弄得挺有模有样的。

等到三四年级的时候，这些小团体可能会开始招募新成员，也会对其他孩子开放。但无论后加入的成员怎么变，小团体的核心成员一直都是那几个，由此形成一个互相支持的稳固团体。到了五六年级，小团体的成员们开始逐渐扩大朋友圈，结交团体以外的其他人。但哪怕他们上了初中，去了不同的学校，成员们还是会不时聚一下。一直到今天，"小团体"的朋友们仍在我儿子心里占据着重要位置。他是这么跟我说的："大家就跟兄弟一样亲。我有困难的时候，他们一定会帮我。跟他们在一起的时候，我总是特别放松。"

保罗·格雷厄姆是美国知名创业孵化器 Y-Combinator 的创始人，他所欣赏的创业人士通常具备五大关键要素，"友谊"就是其中之一："从实际经验来看，一个人单打独斗通常很难成功，大多数成功创业的案例都有两到三个联合创始人。创始人之间的关系必须非常牢固，最好彼此之间互相欣赏，这样才能实现有效合作。"

事实上，有 95% 的创业者不是正在打算就是已经邀请了别人来担任某些重要职能。差不多有 50% 的企业都是由团队创立的，而团队成员往往来自创业发起人的核心人际网络。

就像丹尼尔所在的小团体一样，在创业阶段，可以开展长期合作的、值得信赖的人才是联合创始人的最优人选。我和辛赛西斯就是这种关系。我们一起创业，他既是创始人之一，也兼任 CEO。二十多年前，我们相识于大学。后来我们因为相隔太远，见面的机会少了，但我们之间的友谊依然深厚。作为个体，我俩分别在这段合作关系中体现了自身的优劣势。与此同时，为了实现共同的目标和愿景，我们也学会了如何更好地合作。当我们找到这个平衡点的时候，就实现了合作的最优化。如果出现了任何偏移，我们会时不时地重新校准。

第五章　自由随心

周一下午 1 点半，我正在公司开会。这时我的手机突然响了起来，是我 9 岁的儿子雅登打来的。我抱歉地跟在场同事解释是我儿子打来的，然后出去接了电话。电话那头传来雅登急切的声音："妈妈，是我，我想叫罗尼来我们家玩儿，可以吗？"这个点刚好是放学时间。学校离家很近，也就几百米的路，雅登和同学都是自己走回家。他有家里的钥匙，一般到家后的第一件事就是带家里的小狗月亮出去遛一圈。等雅登遛狗回来，他上初中的哥哥丹尼尔也正好到家。自己热好午餐，做完作业，再看会儿电视或者出去玩，他们两兄弟对这套流程已经轻车熟路了。"当然可以啦，欢迎罗尼！"我回答道，"记得遛'月亮'啊！我昨天做了鸡肉，可以配着米饭吃，不过你得自己再做一份蔬菜沙拉哦。"匆匆叮嘱几句之后，我赶紧回到会议室继续开会。

上面这种情况对以色列家庭来说简直是家常便饭。在夫妻双方都有工作的家庭，家长下午六七点到家是常有的事。也就是说，孩子们整个下午都处于无人照看的状态。必要的时候，孩子们必须学会对自己负责，这也能使他们产生一种巨大的成就感和自豪感。1986年，罗杰·哈特在新英格兰郊区开展了一项实验。他记录了当地86名小学生的每日活动，绘制了一张被他称为"儿童地理"的地图，用这张地图来显示孩子们活动范围的地点和离家距离。实验结果显示，"对孩子们而言，不管是到街对面还是去市中心，他们自由活动的范围每扩大一点，就代表着成长。如果他们碰巧找对了路或者发现了连大人都不知道的捷径，别提有多自豪了"。

这不仅仅是换个环境的问题，以色列人将这种脱离大人照看、漫无目的的四处闲逛视为一种积极的性格特质。在希伯来语中，我们有一个专门的术语来描述这种特质，叫作"顺其自然"（意译自希伯来语"leezrom"）。可能大家会觉得，"顺其自然"不过就是偶尔灵光一现的想法罢了。可是当它从童年早期就开始显现甚至成为一种文化现象的时候，背后一定有深层含义。在我看来，"顺其自然"是以色列人的一种生活态度，它要求我们提前做好准备，就算出现意外事件，也能沉着应对。"顺其自然"不是单纯的一时心血来潮，而是一种笑看人生不测风云的豁达态度。

这种育儿方式给孩子大量的自主权，虽然在很多国家遇冷，但目前仍然是以色列人提倡的主流育儿法。当然了，和以色列文化的其他方面一样，给孩子更多自由以及鼓励"顺其自然"的做法不是什么经过深思熟虑的哲学，其实很多时候是出于当地生活的需要（尽管在其他地方也会遇到同样的情况）。

学会独立的孩子

在其他文化中，不管是出于生活需要还是原则要求，孩子们也都被鼓励去承担责任。就拿荷兰来说，有时候孩子们可以帮周边邻居做些简单的清洁打扫服务来获得 1 欧元的酬劳。在其他国家，我们也经常看到放学自己回家或者跟小伙伴一起四处闲逛的孩子，这都不是什么大不了的事儿，尤其是那些家在郊区或者乡下的孩子。

但在中国、美国、法国、越南这些国家，家长很少给予孩子如此程度的自由。当然了，这背后的原因肯定各不相同。如今孩子们面临的危险的确更多了，再加上媒体对悲剧事件的大肆渲染，父母自然会无比关注孩子的安全问题。

父母的担忧是可以理解的，不过有一种声音认为，这种育儿方式会使孩子成年后无法应对世上的风险和意外。罗伯特·爱普斯坦是加利福尼亚大学的访问学者，也是《今日心理学》杂志的编辑，他认为："为人父母的首要任务就是教会孩子独立自主。如果我们永远把孩子当襁褓中的婴儿来保护，最后只会断送他们的前程。"有人担心的是，缺少自由和风险承担意识的孩子在成年以后没有自我独立的信心。但眼下更迫切的问题是，这些孩子可能根本不想独立。

如果父母指导着孩子学习、业余和社交生活的方方面面，那么孩子追求成功的动机可能并非来源于自己，而是来自父母。约翰·马克·弗罗兰德是科罗拉多大学心理学院的博士，他解释道："如果孩子追求成功的动机来自父母，那么这种动机只关乎父母的想法和愿望，与孩子无关。因此，孩子很难在之后的生活中学会独立思考，也不会积极地为自己设定目标。但是，如果追求成功的动机由孩子的内心想法驱动，这种动力必然比强加在孩子身上的外部力量更为强大。"

学习成绩好的重要性无须多言，但这似乎成了许多家长给孩子设定的唯一目标，旨在达到这个目标的任何行为都能得到家长们的过度奖励。然而，结果往往适得其反。1989 年，儿童心理学家菲伯斯、富斯、艾森伯格、梅·普卢利和克里斯托弗开展的研究显示："如果大人奖励孩子帮生病小朋友给文件分类的行为，这反而不利于他们以后继续帮助他人。"这项研究表明，如果要鼓励某种长期行为，在当下给予即时奖励也许并非一个好的策略。1983 年的一项研究发现，"给予报酬的形式削弱了大学生帮助盲人的道德义务感，反而阻碍了他们对盲人的后续帮助行为"。事实上，无论是孩子还是成年人，所有人都希望自己能够主动选择，而不是被动听从他人安排，这也是影响人们决策的重要因素之一。

叫我亚尔

　　每天下午 1 点半是学校的放学时间，而学校走廊是我儿子雅登回家的必经之路。如果在走廊碰上校长，雅登准会向她挥手道别："拜拜啦，亚尔。"没错，就这么随意地跟校长说声拜拜。亚尔也笑着回答："拜拜啦，雅登，下午愉快哦。"校长知道每个学生的名字，学生对校长和老师也都是直呼其名。

　　除了师生之间这种随和的相处模式，在以色列上学的体验跟其他国家没什么太大差别，无非就是将吸收的知识应用到考试中或者解答前人早已解决的问题。事实上，跟其他国家相比，以色列学生的学习成绩其实是比较落后的。根据国际学生能力评估项目（PISA）的调查，以色列学生的数学和科学成绩处于全球倒数的那40% 中。2015 年，以色列在 72 个项目参与国当中排第 40 名。在学生能力方面，尽管以色列排在秘鲁、印尼、卡塔尔和哥伦比亚前面，却长期落后于中国、新加坡、日本、韩国、瑞士和奥地利等国。奇怪的是，世界经济论坛当年的数据却显示，以色列在创新领域排名第三，人均初创企业密度竟然是全球最高。大家可能会感到不解，既然科技创新涉及大量数学、科学、财务和商业领域的知识，那么既不擅长数学也不擅长科学的以色列人为何能在科技领域成功创业？

　　回答这个问题以前，我们首先得弄清楚一点，学习成绩好与成为企业家和创新者之间有着本质上的区别。如今，工业发展日新月异，业内人士纷纷将其称为第四次工业革命。世界经济论坛认为："在当前的技术趋势下，大学的核心课程内容也在迅速变化。如果是大一那年学到的专业知识，等到四年后毕业的时候，可能50%的内容都已经过时了。"

从实用主义者的角度来看，我们提供的大学教育在很大程度上似乎是无用的。学习成绩好与科技创新和商业洞察之间并不总是存在正相关的联系。在以色列，反例比比皆是。

盖伊·鲁维奥是汽车网络安全领域的知名企业家，在他的印象中，他上学那会儿经常逃课："以前我老在希伯来大学四处晃悠，总是希望能发现些有意思的事儿。有一次碰巧瞥到教室黑板上留下的几个字：网络优化。当时我就产生了兴趣，于是课也不去上了，一心想琢磨明白这背后的原理。所幸不久之后总算理出一些头绪。其实当时我根本不知道'创业'是啥意思，径直就去找了负责计算机课程的老师。虽然我是个经常逃课的学生，但我向老师阐明了我的想法，希望他能与我合作。最后他也同意了，我们真的着手搭建了网络。虽然这个项目最后没有成功，但它绝对是我人生中最重要的项目之一。"

在盖伊眼里，老师不是什么高高在上、难以接近的人，毕竟大家从小就对老师直呼其名。所以他才有勇气邀请老师一起完成项目，要换作其他人，可能根本不敢提。除此之外，老师也没有将不再缺课作为合作条件来"要挟"盖伊，虽然他完全可以这么做。尽管这个学生对国家教育系统嗤之以鼻，老师还是采取了开放包容的态度。盖伊对数学和网络的强烈兴趣驱使他成为网络空间领域的专家，他随后创建了 Tower Sec 汽车网络安全公司，目前该公司已被车载信息娱乐巨头哈曼国际收购。

"卡壳"的重要性

希伯来文化中有一句老话：面临攻击的时候，一定要抢占先机。这也是阿迪·沙拉巴尼毕生坚守的原则。

阿迪是应用安全领域的领军者和预测性保护系统方面的专家，他之所以走到今天，是因为过去的每一步都提前打下了坚实基础。他曾在以色列国防军工作多年，其间担任安全顾问和教育顾问。从特拉维夫大学数学与物理专业毕业后，他正式进军商界。阿迪起初就职于一家加拿大初创公司 Watchfire，由于公司被 IBM 收购，他继而加入了 IBM，并在短短几年内就被提拔为 IBM 软件产品安全业务的负责人。2012 年，阿迪和朋友共同创立了 Skycure 公司，致力于提供预测性移动安全防护。目前，Skycure 公司已被信息安全领域的知名提供商赛门铁克（Symantec）公司收购，阿迪出任赛门铁克的高级副总裁。多年来，阿迪不断改进技术方法，已在安全领域获得 25 项专利。

防患于未然的原则也被阿迪应用到了教育领域。他不仅每年定期出席 RSA 安全会议，兼任高中老师和教育顾问的工作，同时还致力于推动以色列的网络安全教育，提倡将网络防御纳入高中课程大纲。"越早落实越好。"他总是这么说。

跟其他国家一样，在阿迪等专业人士的大力宣传和支持下，以色列也出现了许多校外教育机构和学习项目。但这些机构和项目都采纳了一套新颖的教育理念，即更加注重学习过程，而不是最终获得的实用知识。阿迪解释道："我们希望去激发孩子自身的能力，而不是按'如何做到'的思维向他们传授某项技能。我们的重点在于过程、行动和进步本身，而不是非要达到某个终极目标。"

这些项目广受欢迎，但根据阿迪的说法，成功的秘诀竟然是让孩子们进入"卡壳"状态："过去的方法是教孩子们习得一项技能再应用到其他领域，这不是我们提倡的做法。我们的理念是提高孩子们在陌生领域发掘新技能的能力。要真正做到当然很难。但我们的方法就是让孩子们进入'卡壳'状态，他们一时之间找不到答案，也没人告诉他们答案……但真正的成长和教训永远来自类似的无解困境，来自努力找到答案的过程，结果反而不重要。"

17 岁的吉拉德来自以色列阿什杜德，下面是他参与某次项目的经历。

"我们当时只学了一些基本的编程知识，还是个'旱鸭子'呢，没想到下一秒就被扔进了'深水区'。老实说，我们就没遇到过简单的任务。有一次，我们得在没有任何提示的情况下写一个象棋游戏程序，基本上全靠自学。我的团队今年在研究一种根据计算结果来操作的驾驶机器人，它可以自动或手动扫描和规划汽车驶向的区域。"

和以色列全日制学校相同的是，这些学习项目打破了老师长期以来作为权威者的形象。老师不一定被视为绝对的专家，他们也会有知识盲区。阿迪回忆道："以前刚开始写网络程序的时候，孩子们可以完全打开思路，因为刚开始掌握的相关知识很少，也就意味着很容易卡壳。所以一开始对老师进行培训的时候，大家都觉得这个项目肯定要黄了，因为这些老师都比较缺乏网络领域的经验和知识。没想到后来出现的情况很有意思。我们发现，面对孩子求证的眼神，老师通常是一脸诚恳地坦白：'我不知道。'这就形成了一个老师和学生之间进行真诚对话的场景，他们一起进行头脑风暴，同时进入卡壳状态。他们中间没有人是单纯的数据提供者，而是所有人一起成长，共同实现之前从未设想过的成就。在这种方式下，老师不是输出事实的'漏斗'，而是输送方法论的'传送带'。"

如果教育的目的是传授知识，那么这种拒绝将知识"喂"到学生嘴边的项目绝对是行之有效的开创举措。

这些学习项目采取的评估方法也很新颖。老师将学生的失败，而非成功，作为评估学习能力的指标。"如果你能顺利解出20道题，那就说明我这个老师根本是在浪费你的时间。因为解这些题根本难不住你，你不会取得任何进步，解完题也学不到任何东西。"

艾瑞卡·兰道青年创新卓越学院位于特拉维夫，这是一所提倡跨学科学习的以色列教育机构，也是专门培养天才儿童的地方。学院宗旨就是培养孩子的创造力、社交能力和独立思考能力。

学院创办人艾瑞卡·兰道提出了一种新型教育方法，鼓励孩子们通过各个领域的亲身体验来学习知识。兰道认为："教育的目的不是叫人满腹经纶，而是丰富人生体验。"在她看来，人们印象最深的往往是亲身经历的事情。朗·巴里瑟教授是该学院的毕业生，他对这种教育方法做出了自己的解读：

"现在的人才不能只是一个领域的专家，一门独精已经不够用啦。……当今有所作为的杰出人才往往不是一门独精的专家，而是能将各个领域的知识融会贯通的人。这样的现实促使艾瑞卡·兰道学院革新了教育方法。学院培养了一批又一批了解不同领域知识、敢于质疑传统观点并且刻苦钻研的学生。如果有人对我们说'不可能'，我们会立刻接受挑战，用事实来说服他。"

巴里瑟教授的字典里就找不到"不可能"这三个字。他是屡次获奖的公共卫生医生和研究员。在以色列最大的医疗机构 Clalit 集团就职期间，他负责创办了 Clalit 研究中心，同时担任该集团卫生政策规划部门的负责人。巴里瑟教授主要负责制定战略规划，研究集团内部上下的新型干预措施以提高医疗质量、缩小差距并在医疗实践中引入新数据和人工智能工具以提高医疗效率。

也许以色列孩子在常规考试中的成绩不够优异，但他们的能力绝对没有落后于其他国家的同龄人。毕竟，学习过程比考试结果更加重要。最关键的不是掌握多少知识，而是获得知识的过程。

进入商界以后，结果当然很重要，但也不是唯一指标。如果企业希望立足长期发展，那么过程、能力、机会，以及勇敢尝试、走出困境的信心，也同样重要。因此，创业人士不必认为自己得为所有问题提供答案，您大可放手让团队成员去设定他们的目标，让他们去想办法应对挑战，让他们去思考如何走出困境。

第六章 失败带来机遇

时间倒回至 1965 年，在以色列的西岸城市拉马特甘，一家三代人挤在不到 20 平方米的客厅里，各自忙着手里的活儿：最年长的老人是阿夫拉罕，靠做抄写的活儿谋生；旁边有个人在工具箱里翻找东西，那是他从事机械修理的儿子巴鲁克；家里最小的一辈是10 岁的多夫·莫兰，他的全部注意力都集中在手里的手表零件上，这是从《疯狂》杂志的末页广告上订购的，手表零件坏了，他正忙着修好零件再重新组装。这个狭窄的客厅承载着新老一代的共同回忆，而对于当今业内领军人物、"U 盘之父"多夫·莫兰而言，这个小小的客厅就是他梦想启航的地方。

小的时候，多夫很难适应学校那一套教育方法，幼儿园的老师甚至担心他跟不上一年级的学习进度。好在多夫很快就展现了出色的学习能力。他 16 岁时就在特拉维夫大学修完了计算机编程课程，而且还是班上的第一名（不过多夫一直对外宣称自己这个第一名名不副实）。不过世事难料，就在所有人都认为他会接着从事编程工作的时候，多夫选择去了以色列理工学院攻读电气工程，随后又在以色列海军担任指挥官，负责带领微处理器部门。

于多夫而言，取得如此成就并非易事。他的童年生活时常伴随着焦虑和对风险的畏惧。多夫母亲是来自波兰的逃亡者，而父亲和祖父是莫兰家族的幸存者，他们抱着对新生活的希冀，费尽千辛万苦从饱受战争蹂躏的欧洲逃到了以色列。在纳粹大屠杀的阴影下，焦虑不安的情绪笼罩了这个家庭，哪怕是步行至图书馆的一小段路，多夫的父母也不放心让他一个人走，总是在街对面悄悄跟着多夫走到目的地。

出人意料的是，在这样的童年环境下，多夫竟成了以色列最不惧风险的几个人之一。他的父亲诚实本分，一辈子兢兢业业，一直到90岁离世前，都还在坚持工作，身子板儿就跟橡树一样笔挺。而他的祖父呢？多夫小的时候一直和祖父住一个房间，祖父陪他度过了整个童年，见证了他第一次穿上海军制服的时刻。在祖父心里，多夫的教育背景大概就是他这辈子最成功、最引以为豪的事业。了解了多夫的家庭情况以后，他的成功就在情理之中了。这家人不是没有风险意识，相反，正是在对风险的清楚认识下，他们仍然选择迎难而上，勇敢追求更加美好的未来。

多夫于1989年成立了M-Systems公司，也就是当今全球数据闪存市场的领军者。作为USB闪存驱动器（俗称"U盘"）的发明人，多夫带领团队迅速将公司规模化并实现了10亿美元的营收。

2006 年，M–Systems 被闪迪（SanDisk）公司以 15.5 亿美元的价格收购，自此创下以色列的最高收购价格纪录。2007 年，多夫创立了手机公司 Modu，公司知识产权于 2011 年被谷歌购买。除了被收购的技术以外，多夫还拥有 40 余项专利，由他创办的公司还包括 KIDOZ、GlucoMe、Comigo、RapidAPI 以 及 GroveVentures。 此 外，多夫还在以色列北部一家半导体制造公司 Tower Semiconductor 担任董事长。任职期间，他使这家公司扭亏为盈，从破产的边缘重回正轨，如今在纳斯达克的市值已达数十亿美元，这也是多夫本人最引以为豪的一件事。CEO、创始人、董事会成员、投资人、导师、团队队长……多夫身上的众多标签使他的印记遍布以色列科技行业的方方面面。

多夫的故事不是一个人的独角戏，其中也能看到他父母、祖父乃至整个家族的影子。这是几代人克服重重困难站稳脚跟的故事。

我与多夫相识于 2006 年年底，我们一帮人着手成立了 Modu。当时的话题热度使其一度成为以色列风靡一时的新星。没多长时间，Modu 就顺利募集了 1.2 亿美元的资金，招募了 200 多名员工，子公司遍布世界各地。除此之外，Modu 品牌旗下的两款产品也顺利上市开始销售。走到这一步，不管在谁看来，公司都已经具备了全部的成功要素。万万没想到的是，Modu 在三年之内就倒闭了。

对我们所有人来说，这无疑是当头一棒。我们曾对公司和产品充满信心，但事实证明，我们判断失误了。不过有趣的是，Modu

公司的员工随后纷纷开始自行创业，我也不例外。刚刚经历了创业失败的教训，几十家初创企业却如雨后春笋般再次涌现出来。这些人是怎么做到的，在投入了大量时间、精力和资源之后眼看着自己的心血付之东流，他们不仅没有及时止损，反而选择承担更多风险，再次加入创业大军？任谁看来，这都是风险极高的大胆决定。毕竟在所有的初创企业中，90% 的结局是失败，剩下的 10% 也一度徘徊在失败的边缘。

是什么促使遭受失败打击的人再次勇敢尝试？就我个人而言，我是将 Modu 的失败看作一次自我成长的机遇，用这次失败来激励自己，而不是击退自己。走过弯路之后，如今的我对创业中的误区有了更加清晰的认识，下次成功的概率一定更高。

失败的另一面

在失败中学习，这是创业者应有的心态。但在许多文化中，人们面对失败的态度却是唯恐避之不及。正如前一章提到的那样，很多父母总是把孩子保护得很好，最好永远都不遭受失败的打击。

但众多心理学家已经发出预警，小时候从未经历失败的人终将在成年后付出代价。无论是心理上还是实践中，没有体会过失败滋味的人都不具备应对失败的必要技能，他们不会从失败中学会反思以图改进，而是认为失败是冥冥之中的命中注定，所以很难从失败当中振作起来。相反，在以色列人看来，人生不如意之事十有八九，失败是无法避免的，但人们完全可以而且也必须从失败中走出来。

尽管今天看起来非常不可思议，但可以确证的是，以色列一直到 1993 年都还只有一个电视频道。这个频道理所当然地被冠上了"以色列电视台"的名称，所有购置了电视的家庭都是这个频道的固定观众。1978 年推出了一档叫作《就是这样！》的电视节目，一经播出就火遍了以色列的大街小巷。雅茨克是这档节目中最受欢迎的人物。他留着奇怪又夸张的八字胡，头戴一顶渔夫帽，披着以色列国旗，身上还总是挂着一把手风琴。他的任务就是在以色列各地旅行。每期节目的末尾，雅茨克可能会从树上掉进河里，从马背上摔下来，甚至掉到牛粪里头。不过他马上就会站起来，对电视机前的观众说道："用不着担心，孩子们！雅茨克摔倒了马上就能站起来！"所以这一代孩子在成长过程中一直在接收这个信息：不用怕，摔倒了总能站起来！

失败的不是我，只是我的项目

可别误会我前面的话，我并不是说以色列的文化鼓励失败，而是说当地社会对失败更加包容，所以人们可以更好地接受失败，然后振作起来，继续前行。

心理学家史蒂芬·伯格拉斯认为，只要换个角度看待问题，人们完全可以走出失败的阴影。在他看来："在失败情景下，关键区分在于应对失败的是整体归因还是局部归因。……'我太差劲了，所以生意搞砸了。'这是典型的整体归因。因此，做出整体归因的人往往会遭受毁灭性打击。但如果换个角度想：'日本人倾销产品，公司信息系统的副总又在关键时刻离职，所以生意才失败了。'这样的局部归因可以使当事人免遭重创。其实有点像给自己讲好一个故事，你得自圆其说，才能帮你从失败的情景中抽离出来。"伯格拉斯还补充道："跳出商业领域，那些在生活中也有广泛兴趣爱好的人，无论是宗教、社区服务还是跳伞，往往更擅长做出局部归因，不会深陷在失败和挫折的痛苦当中，因为他们能在多个领域获得尊重。"

　　我们至少能从伯格拉斯的观点中获得两点启示。首先，如何面对失败完全取决于你看待问题的角度以及你所相信的背后故事。如果我们试着去了解背后的问题和缘由，就能做出失败的局部归因，其后的具体原因也就慢慢清晰起来。失败不过是发生在人身上的客观事件，不能用它来定义一个人。其次，拥有丰富的闲暇生活和兴趣爱好有利于人们将失败视为一次吸取经验的教训，而不是因此对自己失去信心，从此一蹶不振。

　　《大西洋月刊》的编辑杰瑞·乌塞姆曾经写道："对于失败，我们要了解以下三点：1. 失败时有发生；2. 失败的破坏性可能超出你的想象；3.失败有正确的打开方式。"乌塞姆认为，失败的正确打开方式就是从中吸取教训。我们首先得区别失败本身和经历失败的人。失败是个客观行为或者说是发生在人身上的客观事实，不能用它来定义一个人。此外，我们可以试着发现失败积极的一面，把失败当成一次学习的机会。

抓住一切亲身体验的机会去吸取教训，这也是我赞同的做法。最佳的学习方法无他，只有亲身经历最有效，这点尤其适用于失败的场景。经历了失败跌倒才能有所收获，真正成长。Modu公司虽然走到了失败的结局，但员工却得以反思过去出错的地方，吸取之前的教训，从而对创业过程中的注意事项有了更深的理解。正因为创业者和他们创立的企业是两个完全独立的实体，创业失败之后大可以从头再来。

失败是人生重要一课

在整个职业生涯中，我投失过9000多个球，输了将近300场比赛。还有26次，我在最后一投的时刻辜负了教练和队友的信任。我一次又一次地失败，但这就是我成功的原因。

——迈克尔·乔丹

近几年出现一种新现象，不管孩子做什么，也无论成功与否，都能无一例外地得到奖励。这在青少年田径队尤其普遍，一切都是重在参与，参与即获胜。但不是所有人都同意这种做法。劳拉·米埃尔是《今日心理学》杂志的供稿作者，她认为："我跟很多人的观点恰好相反，我女儿参加的青少年垒球联赛也开始提倡'人人皆赢家'的心态，我觉得这不是什么好事。为了公平起见，大家想尽了办法来防止孩子出局，规则被改得面目全非。"是否竞争应当背负污名？我们一定要像现在这样想尽办法避免失败吗？如果是这样，我们其实是剥夺了孩子吸取教训获得成长的权利。

失败的滋味肯定不好受，也正是这个原因，经历失败的人往往有更大的动力来获得成功。在很多情况下，失败都对成功起到了关键作用。

有的父母总是把孩子保护得很好，不让他们遭受任何失败的打击，结果孩子成年了，他们还是采取一样的方式。前文提到的美国访问学者兼编辑罗伯特·爱普斯坦回忆道："有的家长会来学校抗议，说老师给的分太低了。还有一次，我发现学生抄袭别人的论文，结果他妈妈打电话来拜托我，让我允许她儿子重写一篇。"史蒂夫·罗斯伯格是求职网站 CollegeRecruiter.com 的总裁兼创始人，他表示："我们经常看到帮孩子制作简历、申请工作的父母，甚至替孩子参加面试的都有。"

请各位父母扪心自问，我们真的要为孩子扫清障碍，让他们免尝失败的滋味吗？他们是不是因此错失了一次宝贵的人生教训呢？

眼睁睁地看着孩子摔跟头，做父母的哪能不难受。但是，只有经历失败，孩子才能不断学习，不断进步。人生中每段经历都会留下印记，并在随后影响我们的世界观和行为模式。不管这些经历是玩游戏还是做体育运动，我们都可以将其视为一次学习的机会，利用这个机会来训练和强化自身的软技能。

要说应对失败的技巧，自己心里那道坎肯定是最难过的。不过正如本书提到的其他技能一样，应对失败的技巧是可以通过练习习得的。阿什利·梅里曼与人合著了《失败的益处》(*Losing is Good For You*)一书，其中引用了斯坦福大学的一项心理学研究。这项研究发现，因为努力而非结果受到表扬的孩子更愿意相信技能不是与生俱来的，而是可以后天提高的特质。这一点与成为企业家也有着千丝万缕的关系，因为创业不是全靠天赋或运气，而是需要付出努力、经历失败、做出改进和调整才能获得成功的过程。

社会心理学家海蒂·格兰特·霍尔沃森提到，人们在扼杀失败的同时，也扼杀了无数发挥创造力的机会。要永远立于不败之地，就意味着永远不去面对新的挑战。"人们害怕犯错，"她解释道，"因为大家觉得犯错就代表自身能力不足，进而受到挫折，陷入焦虑。而焦虑和挫折又会影响我们的工作记忆，让人发挥失常，扰乱我们运用创造思维和分析思维的认知过程。"事事呈现完美的心态会使我们丧失探索新鲜事物和学习新知识、新技能的欲望，也阻碍我们发挥出真正的创新能力。如果我们总是害怕失败，很多时候我们会连试都不敢试。数据告诉我们，90% 的初创企业都失败了，但真正的创业恰恰需要人们去承担风险，而害怕失败就是创业者的劲敌。

失败给人带来宝贵的教训，使人的心理更加成熟，同时还能培养无惧失败的健康心态。这些都是失败带来的收获。所以，创业者们应当看到失败的积极一面，把失败视为人生中的重要一课，而不是什么过不去的坎。

首先我自己就得坦白，不管是作为孩子母亲的角色还是职场老板的角色，我每天都在经历失败，有时候还不止失败一次。有了这些经历之后，我也很放心让自己的孩子在以色列长大，因为这里的文化赋予了人们一种特殊能力，使我们得以直面成功，也无惧失败，并且通过事后反省从中吸取经验和教训。绿湾包装工橄榄球球队的主教练文斯·隆巴迪有句名言："被撞倒了不要紧，关键是撞倒了还能再站起来。"

第三阶段

效率为王

每当有所发现的时候，我们一开始总是胜券在握，感觉一切皆有可能，仿佛事情的发展不会受到任何限制和阻碍。紧接着，我们沉浸在自以为天衣无缝（至少理论上是这样）的想法中，信心满满地认为这个想法与众不同，绝对管用。

但是随着事情的进展，想法和现实产生了碰撞。经过市场验证，我们发现原先的假设并没有那么准确，计划也不切实际。那这是不是意味着计划就要宣告失败了呢？还是说，吸取经验是我们实现产品改进的必经之路，遇到这个问题就意味着我们到了重新校准和优化价值主张的时候？

我们永远无法预测未来，也不可能手握现成的正确答案。从个人角度来说，我们能做的就是更好地评估自身和企业的优势与劣势，运用现有的资源以及提高执行和落实方面的技能。

在这种关头，我们必须在各个环节提高效率！

由于手头资源有限，我们除了发挥自身随机应变的能力，也别无他法。这样一来，创造力派上用场的时候就到了。我们可以发挥创意思维，思考如何将有限的资源最大化。这种瞬息万变的商业环境和突发事件将考验我们个人能力的最大限度，推动我们去实现超出个人想象的远大目标。

第七章　不确定性是常态

"妈妈，我害怕！万一恐怖分子去我们学校了怎么办？我可以不去上学吗？"我儿子雅登曾经这么问我，当时他还只有 6 岁。

"不用害怕，亲爱的，你在学校肯定安全！"我沉着地安慰着雅登。看到这里，你一定有点难以置信吧。但是作为家长，我非常信任学校，相信他们可以保障孩子的人身安全。当时的确有一名武装恐怖分子藏身在特拉维夫，在我和雅登进行上述对话的两天前，也就是元旦那天，他袭击了市中心，街上的无辜平民因此遭到无情杀害。更令人不安的是，就在离我家 50 多米的地方，警察找到了袭击者行动前丢弃的手机。这种情况还让孩子去上学？你这个母亲也太不负责了吧！你一定是这么认为的吧。但在以色列人看来，我这个反应再平常不过了。

在以色列，大家在很小的年纪就开始学习如何应对不确定性以及如何适应变化的环境。我越发相信，这背后的驱动力其实就存在于以色列的社会基因当中。2014 年的夏天，我家三个儿子最小的 5

岁，最大的也才 12 岁。和职场上抽不开身的大部分父母一样，为了给孩子们找点乐子，暑假的时候我一般都会给他们报名暑期活动，这一年也不例外。没想到放假一周后，也就是 2014 年 7 月 7 日，以色列和加沙地带突然爆发战争。截至这年 8 月底，巴勒斯坦武装分子总共向以色列发射了 4844 枚火箭弹和 1734 枚迫击炮弹，几乎所有的以色列百姓都在射程范围内。

每当我家的警报声响起，我们得在一分半钟的时间内逃到避难所。尽管伴随着火箭弹的袭击，但孩子的暑期活动和父母的工作仍然照常进行。父母通常在早晨上班的路上就顺道把孩子送到夏令营，我们很清楚，孩子们的手工课或者集体游戏很有可能被突然叫停，接着所有人一起逃往防空洞。

也是在 2014 年那个动荡的夏天，我大儿子问我能不能邀请一帮朋友来我们家玩，我想都没想就同意了。因为几乎所有以色列家庭都设有一个安全屋，一旦警报响了，大人和孩子都会跑去安全屋避难。我还记得当天的情景，警报响起的时候，我们一帮大人小孩在家里玩得正起劲，听到声响，我们两个大人加上十多个 11 岁左右的孩子，还有我们家的狗，一起迅速逃到了安全屋。警报声停，我们再等个三分钟，随后孩子们就能该干吗干吗了。在孩子们的印象中，除了外面夹杂着些许火箭弹爆炸的声响，这个夏天跟过去的那些夏天并没什么两样。

　　　　　　　　无畏：为什么以色列能成为创新强国

与不确定性共处

以色列的居民必须有面对挑战的勇气以及对于不确定性的高度耐受力，这是由以色列的地缘政治环境决定的。以色列的孩子们经常在一天中的某个时刻突然奔向防空洞，尽管这种时不时的紧张气氛给生活带来很多不便，但他们早就习以为常了。就拿西南部城市斯德洛特来说，这个城市与加沙地带接壤，紧急避难对当地居民来说简直就是家常便饭。十几年来，斯德洛特及其周边地区长期受到加沙地带的火箭弹袭击，这早就不是什么新鲜事了。在时刻存在的威胁下，生活还是要继续。

1948 年的独立战争是以色列经历的首次战事，对手是周边的阿拉伯国家和地区，包括埃及、伊拉克、叙利亚、黎巴嫩、外约旦地区、沙特阿拉伯、也门，以及阿拉伯解放军。建国 70 年以来，以色列已经被卷入了五场战争，此外还有两场消耗战、北部发生的无数次边界冲突和导弹袭击，以及两次巴勒斯坦起义。

当然，以色列不是唯一遭受战争和恐怖威胁的国家，这也不是我想强调的重点。我想强调的重点，在于以色列人强大的应对能力和适应能力，这才是以色列所特有的。

以色列人的适应能力

就在特拉维夫遭遇元旦恐袭的一个月前，巴黎发生的系列恐怖袭击震惊了全世界。一时之间，全体巴黎人都严格按照官方建议，老老实实地待在家里。尽管灯火通明的巴黎曾有着"光之城"的美誉，但在经历恐怖袭击之后，熙熙攘攘的城市街道瞬间空无一人，漆黑一片。

欧洲议会的所在地——比利时布鲁塞尔，被封锁了整整五天，包括学校、公共交通、娱乐场所在内的场所和服务统统停止运营。由于目标恐怖分子的藏身之地、行动计划和下一步活动存在诸多变数，比利时当局为了确保市民安全，随即做出封城五天的决定。

而在地球上的另一个角落，生活的变数和不确定性就是以色列人每天的日常。清晨醒来的时候，我们完全不知道当天又会有什么突发状况，但生活还是要继续不是吗？

2015年12月中旬，洛杉矶的学区收到炸弹恐吓的威胁邮件，官方随即选择关闭学校，65万名儿童因此留守家中。根据NBC新闻报道，纽约和洛杉矶两个最大的学区都收到了同样的恐吓邮件，但两座城市的反应截然不同：纽约表现得满不在乎，而洛杉矶则紧张得关闭了整个学区。这两种反应体现了面临压力和威胁时的两种态度。

即使是在导弹袭击的高峰期，以色列的孩子们也每天照旧步行上学。元旦恐袭当天的晚上，如果你登录了社交媒体，你会发现一眼望去全是类似的帖子："今晚欧赞酒吧的活动照常举行，11 点准时开始。鉴于当前局势，入场费只需 20 新谢克尔！大家不见不散！恐怖活动无法打败我们！"

特拉维夫恐袭发生后的 48 个小时里，警察没有发现恐怖分子的行踪。随后，警队、市长和总理都向市民传递了同样的信息：请您务必保持警惕，但也无须打乱日常生活的节奏，没必要因此暂停外出。这就是我说的适应能力。

以色列的孩子都懂这点，不管事态多么严重，正常生活都得继续运转。不确定性的确很难把控，但是当它变成生活日常的时候，性质就完全不同了。因此，如果要在以色列生活，就必须学会应对各种不确定性。

尽管以色列面临如此之多的威胁和不确定性，但根据 2018 年 InterNations 发布的家庭生活指数，在 50 个受访国当中，以色列被评为全球第三大"最适合安家的地方"。在其他受访国当中，法国排在第 21 名，美国排在第 40 名，巴西则垫底排在最后。

化不利为有利

在潜移默化之中，以色列人已经接受了不稳定的现实，并且形成了一种在变数中顽强生存的文化。他们没有选择逃到更安全的地区，而是在军事和民用领域大力发展安全基础设施。随着以色列的军事实力越来越强、效率越来越高，以色列人民也在巩固经济发展，从而孕育出不断为全球和国内市场做出贡献的科技产业。

战争并没有使这个国家放慢发展的脚步。2000年以后的六年间，以色列先后经历了互联网泡沫破裂、史上最密集的恐怖袭击和第二次黎巴嫩战争。尽管经历了这一系列的打击，以色列在全球风险资本市场的份额不仅没有下降，反而翻了一番，从15%增至31%。在2009年的特拉维夫证券交易所，黎巴嫩战争结束当天的交易额甚至比战争爆发的第一天还要高，这是由于以色列当时刚结束了加沙地带为期三周的军事行动。此外，即使是在恐怖袭击和战争的高发时期，前往以色列的移民仍旧源源不断，而对世界各地的犹太人、企业家和商人而言，这个国度的吸引力也丝毫未减。奇怪的是，在这样一个频繁遭受恐怖袭击并长期处于恐怖活动阴影下的国家，工业却实现了蓬勃发展，移民继续保持稳定流动，人民也还是生活如常。

给我一个柠檬，还你一杯柠檬汽水

以色列面临的安全挑战也是人们开发创新高效技术的原动力，只有推动技术的发展才能应对以色列不断出现的新型安全威胁。例如，当我们面临今天的网络威胁时，过去那套保护手段就已经不适用了。以色列遭受了诸多不幸，但也正是这些威胁推动了以色列的经济发展。

在需要保护自身安全的情况下，人们很容易就能想出一些新的主意，而这种想法往往又可以应用于其他场景。比如说，既然我们可以将某项技术用来应对军事环境下的安全威胁，那么为什么不能延伸至民用安全领域呢？因此，以色列的军用行业和民用行业总是紧密相关，互相影响。

就拿网络安全领域来说，一开始，相关技术的问世就是出于抵御网络威胁以保护国家安全的需要。随后这些技术才被民用领域的贝宝、银行以及其他拥有线上业务的公司广泛应用。

当今网络安全领域的领军者保点系统公司（CheckPoint）也是按照这个思路创建的。保点系统公司位于以色列中部，由吉尔·什韦、马昌斯·纳赫特和什洛莫·克莱默共同创立。创始人吉尔·什韦曾为以色列国防军 8200 情报部队[*]效力，他在任职期间首次提出了有关 VPN（虚拟专用网络）产品的构想。如今，保点系统公司旗下软件被各大行业广泛采用，其客户不乏财富 100 强公司及各国政府。该公司已在纳斯达克证券交易所挂牌上市，目前市值 50 亿美元。

---

[*] 国防军 8200 情报部队，以色列神秘的从事电子侦察活动的单位，该部队的正式名称为"中央情报搜集部队"，8200 是其番号。其人员是从以色列国防军中通过严格的智商测试与综合能力测试筛选出来的"精英中的精英"。

我们也可以换个角度来看待以色列的动荡局势，比如，这种不稳定的局面就为科技和经济发展提供了肥沃的土壤。如果我们将威胁视为一种挑战，那么威胁就不再像我们想象的那么可怕，我们完全可以凭实力去化解。对以色列人来说，与其陷入绝望无助的境地，倒不如牢牢把握自身的命运，积极地采取措施保护自己，同时为国家经济做出贡献。在战争和恐怖主义的阴影之下，以色列人所历经的磨难反而使他们变得更加强大。

压力为我所用

对于压力，健康心理学家凯利·麦格尼格尔有自己的解读。她首先提出了一个问题："如果你转变了对压力的看法，会不会因此变得更健康？"在通常情况下，我们总是想尽办法来避免压力：当我们规划职业道路的时候，我们会在做出权衡的同时考虑职业压力；在涉及孩子的问题上，我们希望孩子不要因为学习成绩或者负面新闻感到压力；在生活中，我们专门抽出时间来做瑜伽或者冥想等舒缓压力的运动。

不过麦格尼格尔提出了一种不同的压力应对方式。在她看来，如果我们用积极的眼光看待压力，就能使压力为我们所用。与其把压力看作紧急状况下的阻碍因素，倒不如将它视为帮我们度过困难时期的一种生理和心理机制。麦格尼格尔曾在一次演讲中发言：

"下一次，当您再感到压力的时候，希望您能想起今天的分享内容，这将引导您认为'之所以产生这种反应，是因为我的身体在帮助我应对挑战'。当您以这种方式看待压力的时候，身体就会相信您的判断，压力之下的反应也会更加健康。"

麦格尼格尔在压力应对上的观点与我不谋而合。人们应当学会应对压力，从失败中获得成长，从经历中培养灵活的适应能力。每一段经历都是一次个人成长的机会，就像我们平时健身锻炼肌肉那样，练习的次数多了，自然就学会了如何应对压力，以及如何在压力下获得成长和进步。

更亲近的人际关系

我们无法预知警报何时响起，也无法提前做好准备。甚至当某天警报响起的时候，我们完全有可能在任何地方，也不知道身边的人会是谁。但是真的到了紧要时刻，我们就会重复过去重复了无数次的动作——尽快逃往最近的安全屋。出于临时避难的原因，许多毫无交集的陌生人得以聚集在同一屋檐下。有时大家会一起开开玩笑聊聊天，结果聊着聊着才发现，原来两人过去曾在同一个部队服役。

最近，以色列遭到了连续几轮来自加沙和黎巴嫩的火箭弹袭击。在紧张局势之下，来自全国各地的民众和组织自发地向射程范围内的地区提供援助。尤其是阿什杜德、阿什凯隆和斯德洛特这些城市，连日受到炮火攻击，孩子们的夏令营活动也不得不因此取消。很多南部家庭受邀前往北部城市，由当地的家庭负责接待，而在北部的接待家庭中，很大一部分曾在第二次黎巴嫩战争（2006 年）期间寄宿在南部家庭。这种自发性的民间活动在以色列非常普遍，而且往往都是由热心民众通过社交媒体组织。

在困难的危机时期，人们往往会更加团结，更愿意互相支持、互相帮助。麦格尼格尔认为，这背后表现的凝聚力其实是由催产素这种激素驱动的。她进一步解释道，催产素"可以很好地调整人类大脑的社交本能，引导人们去强化社交纽带，巩固亲密关系。催产素让人渴望与家人朋友产生身体接触，激发人的同理心，使人更加愿意去帮助和支持关心的人"。

麦格尼格尔也提到，催产素还有另外鲜为人知的一面，它其实是一种压力激素。在感到压力时，我们的脑垂体就会自动分泌催产素。催产素和肾上腺素一样，也是压力反应的一部分。催产素使我们想要寻求他人的支持。也就是说，当我们处于压力之下时，我们不愿独自应对或者压抑自己的感受，而是本能地想要与人分享自己的感受以寻求他人的支持。这种反应的存在就是为了让我们关注身边陷入困境的人，以便在必要的时候伸出援手。麦格尼格尔说道："有时候生活突然变得很艰难，在压力之下，人们总是希望身边有几个关心自己的人，这是本能反应。"

我们不妨从社会层面来看待以色列承受的压力，这种压力其实使以色列原本就比较复杂的社会网络变得更加紧密。无论是黎巴嫩战争时期的北方居民，还是受到持续导弹袭击的南方居民，总有热心民众向他们伸出援手，这在一定程度上也体现了一种国家层面的集体主义。压力就是以色列文化的一部分，它提醒着全体以色列人过去的共同历史，维系着以色列国民之间的团结。

　　总是在巨大变数中成长的以色列人从小就开始学着应对不确定性，在面临日后生活的不确定性时，他们已经掌握了一套应对技巧，处理起来自然会更加得心应手。在这样的成长背景下，以色列人总是对充满挑战和变数的创业世界抱有强烈兴趣，那种一切都不确定的感觉对他们来说就像家一样熟悉。

第八章　在挑战中与风险共存

你会如何描述 15 岁那年的自己？脑海里最先想到的是哪个词？或者我这么说吧，假设你跟我一样，家里有个 15 岁的孩子，你会怎么评价他/她？如果是我家的情况，我会这样来描述："疯狂"且"干劲十足"，"幽默"且"深刻"，"不负责任"且"十足坚定"。你可能就会问了：这些说法不是自相矛盾的吗？怎么会同时体现在一个 15 岁的孩子身上？

在成长的过程中，青少年的独立意识总会在某个节点突然觉醒，他们开始思考存在主义的问题，想要跳出社会的条条框框、摆脱父母的控制。几乎所有处于青春期的孩子都会经历这个阶段。但对以色列的孩子来说，所谓的"叛逆"阶段是有固定期限的，只能持续 5—6 年。在这期间，他们可以在父母的关心和引导下尽情地尝试、冒险、犯错。

对以色列青年而言，加入国防军的一刹那就标志着"叛逆期"的戛然而止。因此，"叛逆期"就成了以色列人珍视的一个黄金时期，在这期间，年轻人可以尽情地"犯傻"。一般来说，十六七岁时那些不负责任的行为也不大可能成为人生的转折点。因此，以色列人总是希望甚至鼓励孩子在入伍前多多体验不同的生活。

希伯来语中有个非常形象的词，专门用来指代青少年。他们既不叫"年轻人"也不叫"青年"，而是叫"成年进阶人士"，从而表示他们目前正在经历的阶段。在调侃过去不安分的青春期时，我们还经常听到另外一个表达——"又傻又蠢的年纪"（希伯来语中对应词稍微好听一点，叫"tipesh esre"）。

青春期的年轻人"又傻又蠢"，听着像是在骂人，但以色列人绝不是用这个词来表达否定的意思。我们说的"又傻又蠢的年纪"跟骂人用的"愚蠢"完全不一样。在以色列人看来，12—18岁的孩子正处于青春期，做点傻事是再正常不过的事情了，所以大家对"犯傻"的行为都很宽容，甚至还欢迎年轻人"犯傻"。

在以色列，18岁就是一个分水岭。其他国家的孩子年满18岁后一般选择继续念书学习，享受所谓的"后青春期"时光。但在以色列，年满18岁就意味着被征召入伍。

在18岁入伍的硬性规定下，年轻人不得不开始面对眼前的意识形态和政治问题。入伍以后，全国性的重大问题无法避免，而在不久的将来，这些年轻人必然会在国家建设的过程中发挥积极作用。纵观以色列的建国历史，年轻人一直积极参与其中，他们勇敢地登上了国家舞台并发挥着重要作用。

前线的年轻人

1936 年，英国托管下的巴勒斯坦掀起一次阿拉伯人主导的起义运动。起初，运动采取非暴力反抗的形式，随后逐渐演变成游击队开展的暴力反抗活动，专以英国人和犹太人为袭击目标。在反犹主义呼声高涨的势头下，阿拉伯人反对接收欧洲流入的大量犹太移民。

身处旋涡中心的犹太人随后发起了"塔楼与栅栏"行动。在 1936 年至 1939 年，犹太复国运动者在一夜之间建成一座塔楼和一道栅栏，以此建立新的定居点。通过这种方法，全国上下总共建立了 57 个犹太人定居点，其中也包括第一章提到的斯德·埃利亚胡基布兹，也就是玛卡·哈斯发明旧物回收院的地方。

值得一提的是，这项夜间秘密行动的参与人几乎都是加入了犹太青年组织的年轻人。塔楼的设计灵感就取自以前的童军营地。建筑材料都是事先准备好的，易于安装又无比坚固。

"塔楼与栅栏"行动不仅彰显了以色列人超乎寻常的效率，同时也让以色列的年轻人在建国历史上留下浓墨重彩的一笔。

以色列最大的青年组织 —— 凑菲姆童军

"塔楼与栅栏"行动已经不是以色列年轻人首次为国挺身而出

了，当然也不会是最后一次。1948 年建国前夕，正是以色列各地青年组织积极开展运动之时。推动犹太复国运动的年轻人在支援贫困移民社区方面发挥了至关重要的作用。在建国前后的几年里，这些年轻人主动挑起大梁，负责在新建定居点周围筑起围墙，在瞭望塔上轮流看守，在战地医院里担任志愿者，在田野牧场和种植园里付出劳动，在家帮助外出工作的父母照看小孩，并且随时准备着响应号召加入当时的准军事组织。

70 年后，众多以色列年轻人仍然活跃在青年组织中，很多人今天仍在从事我上面提到的工作。目前，以色列大约有 55 个活跃的青年组织，总共有 246500 多名成员和 26800 多名指导员。这些数字还在每年递增。尽管具体的工作内容会随着时间的推移而不断进化，但他们行动背后的理念始终如一：一切为了建设和保卫以色列，一切为了共同信奉的价值观、国家安全和人民福祉。

凑菲姆（音译自希伯来语"Zofim"）童军是以色列规模最大的青年组织，拥有 85000 多名遍布 205 个"部落"的成员。由于成员众多、知名度广，再加上勤恳工作的组织成员，凑菲姆童军呈现的精神面貌成为各大青年组织学习的典范。

凑菲姆童军特别在哪儿？

希伯来语"Zofim"就是童军的意思。1907 年，英国人罗伯特·贝登堡首创了童军运动，旨在通过户外活动来全方位培养青少年的技能和道德品质。

今天的童军运动依旧强调野营、森林知识、徒步旅行和背包旅行等户外活动和运动。在各种志愿活动中，青少年可以边做边学，从而培养责任感、独立能力、合作精神和领导力。目前，全球共有3800万名童军成员，分别散布在164个国家和地区组织中。从表面上看，以色列的凑菲姆童军和世界各地的其他童军组织并无不同，但如果我们进一步观察，凑菲姆童军的独特之处就会慢慢显现出来。

我们先快速了解下英美两国的童军运动。先从美国童军官网的描述开始："加入童军即可获得难忘的户外活动体验。在这里，您将在潜移默化之中掌握露营、徒步以及保护水土方面的知识。您将有机会近距离观察野生动物，亲近自然。无数技能待您点亮，向朋友分享您在童军学到的知识吧！"现在打开英国童军网站上的"关于我们"页面，页面内容和美国童军的版本也并无太大差别："加入童军即可体验丰富的户外活动，包括皮划艇、绕绳下降、海外探险、摄影、攀岩和打猎等。您将学习生存技能、急救知识、电脑编程甚至飞机驾驶。每个年轻人均能在童军运动中有所收获。童军运动集娱乐、社交、户外活动于一体，加入我们，您可展现无限创造潜力，共同体验广阔世界。"

参加如此多样且具有挑战性的活动无疑能使青少年的能力得到锻炼。这与以色列凑菲姆童军的理念也是相吻合的。但是，如果我们打开凑菲姆童军的介绍页面，就会发现不同之处：

"凑菲姆童军既是犹太复国主义运动，也是全国青年运动。我们的宗旨是建立和发展一种传递教育和价值观念的机制，在这个机制下，青少年将参与丰富的社会活动，而我们则在寓教于乐的过程中指导青少年的个人发展。凑菲姆童军将以全体公民的意愿和利益为出发点，传输犹太价值观和犹太复国主义给童军，以建立活跃且合乎道德的犹太复国主义社会。我们强调社会各个阶层的融合、扶持移民并助其融入当地社会，同时加强国内犹太人和以色列人及海外侨胞的身份认同。总而言之，凑菲姆童军旨在吸纳尽可能多的年轻人，为建设更加美好的明天而共同奋斗。"

跟英美两国的童军简介相比，以色列的凑菲姆童军的不同之处显而易见。尽管户外活动也是它的重点之一，但网站的介绍页面却完全没有提及。相反，凑菲姆童军强调的是这背后的意识形态，也就是加入童军所带来的更大的社会和教育层面的意义。

凑菲姆童军的成立是出于形势的迫切需要。1918年，巴勒斯坦的犹太社区亟须更多的人手来建设国家，凑菲姆童军由此应运而生。实践证明，青年运动在建筑施工（例如新建定居点）、安保和农业等领域有着令人惊叹的高效行动力。另外，当时既要帮助刚刚抵达巴勒斯坦的犹太人融入当地社区，又要在教育机构一片空白的情况下教育青少年，要满足这些迫切的社会需求就必须有一个全国性的组织。青年运动会聚了来自各个国家的年轻人，使大家伙凝聚在一起，并由此培养犹太复国主义和犹太教的价值观，同时向青少年传输工作和社会责任。

这是以色列建国以前的事了，当时也没有一个组织健全的官方系统，初来乍到的移民只能在欠发达的陌生环境下摸着石头过河。当时的青年运动就旨在联合更多这样的弱势群体，呼吁大家为了一个共同的目标而努力，即建立一个犹太复国主义国家。这也是凑菲姆童军传承至今的价值观。

当然，我不是说其他国家的童军运动就和社会行动主义完全不沾边或者社会行动主义不是它们的目标。只是对比各国童军运动的活动和宗旨之后，我们会发现凑菲姆童军更像是一个社会主导的组织。因此，尽管它起源于英国的童军运动且根植于自由德国青年运动的思想，但是一旦放在以色列的背景之下，它就被赋予了以色列特色。

大人不要插手

Madrich（音译为"马德里赫"）：一般指学校以外的教育或培训机构的指导员或讲师。这个单词的词根是"derech"，表示"道路"的意思。因此，马德里赫就是指明道路的人。

Chanich（音译为"哈里赫"）：源自一个表示"启蒙"的词根

"chanicha"。哈里赫就是接受培训的初学者，一个在实践中学习的人。

每个马德里赫都有匹配的哈里赫，两者之间互相依存。如果简单粗暴地把这两个词翻译成常见的"指导员"和"学员"，那么就会失去其本身的内在含义，因为"马德里赫"与"哈里赫"之间的关系更为密切，两者之间的频繁交流贯穿了整个教育引导过程。

六月的第一个星期，当时离学校放假还有三周的样子，我儿子雅登带了一张字条回家，上面写着：

我们诚邀三年级的同学参加 6 月 5 日（星期二）的凑菲姆童军活动，这是他们人生中的第一次童军体验，也是我们为明年招募计划所做的准备工作。如果您家孩子有意参与，我们将于当天下午 4:00 在学校门口集合，接到孩子们后再一起步行至童军部落。除此之外，孩子们也可自行前往部落的集合地点，确保下午 4:30 以前抵达即可。下午 6:30，我们将负责把孩子们送回学校门口。期待明年的凑菲姆童军活动拉开序幕！周二见！

谢谢
新的马德里赫

只有一张简单的字条。这位马德里赫既没有留下名字，也没有留下电话号码。也就是说，这位马德里赫完全是个陌生人。单凭一张字条，你会放心让孩子去吗？我自己也有几分迟疑，但思考再三之后还是让雅登去了。

6月5日下午4点，雅登和班上另外24个同学准时在校门口集合，大家一起步行至他们称为"部落"的童军集合点，两个小时后再回到校门口。活动结束之后，孩子们一路上还在为这个全新的体验感到激动不已。我至今仍不认识当初接送他们的马德里赫，不过大概能知道年龄，应该还在念高中。不过后来雅登的哥哥丹尼尔倒是在童军部落碰到雅登了，他立刻给我发了条短信："妈妈，我看到雅登和他的朋友们在一起。他们玩得很开心啊！"作为母亲，知道这点就够了。等到明年，丹尼尔也将成为马德里赫，开始负责指导10岁的孩子。

凑菲姆童军的指导原则之一就是尽量不要大人插手，这也是必要规定。从一开始，所有任务和活动都是由青少年来独立策划、组织和执行。既然开头都不需要大人的帮助和引导，后面的阶段就更不需要了。凑菲姆童军是由年轻人管理的青年组织。他们基本上都是自力更生，自己设立目标，自己规划活动。这背后也不乏精彩的个人故事，下面这个故事的主人公就是蔡什·本·尤瑟夫。

蔡什从小就在社区环境里长大。他很早就加入了凑菲姆童军，随后在组织内部经历了一系列角色。一路走来，他从学员变成指导员，再从旅长变成部落首领。蔡什曾代表凑菲姆童军前往欧洲执行任务，在以色列的亚夫内市建立了首个童子军部落，发起了一个家长指导小组……这些项目都得到了凑菲姆童军的全力支持，直到今天仍在运转，而所有项目的负责人都不到 18 岁。

蔡什曾在以色列国防军的情报部队服役 6 年。退伍之后，他顺利进入总理办公室，开始担任项目经理，后来以产品经理的职位加入 AlgoSec 公司。作为一个 8 岁就开始管理项目的凑菲姆童军成员，无论是军旅生活，还是后来的职业生涯，蔡什都能游刃有余。

对蔡什而言，创业是早晚的事，而教育行业就是他最适合的创业领域。2012 年，他和朋友共同创立了 LotoCards 公司，一个专为各年龄层儿童提供教育性逻辑游戏的平台。2013 年，蔡什与人共同创立了 RoadStory 公司，一个专为孩子生成实时互动地图的移动平台。2015 年，蔡什与曾经的两个战友共同创立了 Crossense 公司，并担任 CEO，公司专注于提供数字测量解决方案。Crossense 公司随后被数据研究公司 Toluna 收购，目前，蔡什担任该公司的数字产品副总裁。

每次谈到凑菲姆童军时，蔡什都会强调这段经历对他产生的积极影响。他解释道："无论是年纪最小的哈里赫，还是年纪最大的马德里赫，凑菲姆童军内部的所有职位几乎都是由青少年来担任的。有些部落首领是家长志愿者，但他们的主要职责就是保障安全，给孩子们一点精神上的支持，除此之外，主动权都掌握在孩子们手中。"马德里赫基本上都是高中生，他们负责部落的教育和娱乐活动，包括每周的定期活动和志愿者活动以及小组讨论和夏令营。年纪小点的孩子（一般从四年级开始）就是哈里赫。这种设置是以色列所特有的。在其他国家，童军中的指导员和顾问都在 18 岁以上。

这样的设置可以使青少年引导比自己小不了多少的孩子，也侧面体现了以色列社会对青少年的态度。我仍然坚持前面的观点，尽管年轻人在青少年时期常有犯傻的时候，但我们还是鼓励他们去积极地发展自身，培养实用的社交技能。在后面几章中，我们将接着深入讨论年轻人的责任和独立问题。目前这个章节，我们先看看这种设置如何促进了以色列的思想自由和表达自由。

凑菲姆童军组织的活动有别于传统的学校课程，它包括自由讨论、头脑风暴、户外活动和志愿活动等。在这些需要激活各种技能的活动中，哈里赫和负责指导他们的马德里赫就构成了一个共同进步的学习社区。

凑菲姆童军没有为马德里赫规定必须遵循的课程大纲。每个马德里赫受到的培训、拿到的材料、受到的指引也不尽相同。凑菲姆童军给了马德里赫充分的空间，鼓励他们即兴发挥，调动自己曾经学到的知识，设身处地地从哈里赫的角度来理解他们遇到的问题。多年从事创造力研究的科学家基斯·索耶博士表示，这种灵活的即兴指导方法非常有效。凑菲姆童军为以色列年轻人提供的学习环境正是索耶博士所提倡的，也就是一种"开放性的没有提前刻意安排的环境，也是同龄人之间的真正互动，大家都能以一种平等的身份参与进来"。耶尔·塞罗西是以色列知名的高管，他曾担任摩根士丹利（以色列）的总裁，也是以色列的第一大银行以色列工人银行的前行长。他说过这样一番话："以前在银行工作的时候，我就经常强调，银行的各级领导都得拿出童军干部（凑菲姆童军部落首领）的精神，带领团队的时候一定要有责任感，要敢于做出决策，也要敢于担责。"耶尔这番话完全是基于亲身感受。他曾是特拉维夫凑菲姆童军组织的成员，家里两个姐姐也是青年运动的活跃分子，从小就为他树立了很好的榜样。在他看来，童军干部的精神既适用于 17 岁的童军"领导"，也适用于以色列第一大银行的高层。"高中的校园生活没有给我留下多深的印象，"他说道，"关于青春期的回忆几乎都和凑菲姆童军相关。"作为从童军组织中受益的成员，他坚持让两个女儿也加入凑菲姆童军，相信那里的环境会使女儿在成长过程中受益良多。

打破常规的活动理念

关心今天生计的人选择播种，关心今年生计的人选择种树，关心世世代代生计的人选择教育。

——雅努什·科扎克

凑菲姆童军的每项活动都按照创造力、即兴发挥和即兴创作的理念来设计。那么这种理念是如何应用于日常活动的呢？蔡什·本·尤瑟夫解释道："不管是日常活动，还是一年一度的夏令营，凑菲姆童军始终鼓励成员打破常规、发散思维。打个比方，马德里赫每两周就会组织一次小组活动，尽管小组讨论的主题和大方向是由部落前辈来定，但他们一般只是抛出一个笼统的话题，像'什么是正义'一类的，其他方面很少干预，几乎都是由十六七岁的马德里赫来主导。

"凑菲姆童军没有制定精确到每分钟的统一教学大纲，而是给予每个马德里赫充分的空间，让他们自行决定和哈里赫讨论的话题。因此，每个马德里赫不仅要根据哈里赫的具体情况来调整指导内容和说话语气，还得熟悉每个哈里赫的能力和喜好，甚至还要摸清楚他们的舒适区，然后想办法鼓励他们走出来。总之，所有的问题都留给了马德里赫，他们得自己去寻找答案，确保每次指导都能激发哈里赫的兴趣，每次都有足够的互动和新的收获……另外，由于高中毕业的前辈马德里赫很快就要进入军队服役，每年都会有低年级的学弟学妹接力成为新的马德里赫，他们一般在 17 岁上下，都是些雄心勃勃、想要干出一番成绩的年轻人。这些新晋马德里赫总是充满干劲，对新的想法和概念跃跃欲试，所以他们常在夏令营的时候想出一些十分新颖的点子。比如，他们不会给夏令营规定具体的活动和流程，而是为所有成员提供一个平台，让大家畅所欲言，表达自己的想法。"

诚然，激发年轻人的创造力并不只是提供一个平台那么简单，凑菲姆童军的结构组成也是不断创新的源泉。随着毕业季的到来，一批又一批的马德里赫不断更迭，新晋马德里赫始终有源源不断的动力去做出新的贡献。因此，创新贯穿于凑菲姆童军的整个结构和核心。

凑菲姆童军 —— 培养创业精神的温床

创造力不是成就创业的唯一配方，童年经历也很重要。比如，现居特拉维夫的连续创业者 —— 纳基斯·阿隆，她可能就会强调自己在家庭和社区中的童年成长经历。

纳基斯的父亲诺加·阿隆是以色列著名的数学家和计算机科学家，母亲是一名律师。父母就是纳基斯的第一批支持者。她从很小的时候就开始参加教育和能力培养项目，家人也一直鼓励她自我实现。

在学习和家庭生活以外，她也是一名凑菲姆童军学员。凑菲姆童军青年运动就像是一个社区，为她提供了与管理和创造力相关的基础知识和实践机会。18岁那年，纳基斯加入了以色列国防军8200情报部队，而这个大型社区又进一步为她提供了培养创业精神的环境。

刚从部队退役那会儿，纳基斯甚至有点无所适从。因为她上半辈子一直拥有家庭和教育"社区"的支持，退役后却突然闯进一种"非社区"的陌生环境。迷茫中的纳基斯和大多数退役军人一样，选择了去国外旅行。回国以后，她明确了自己未来的方向。

目前，纳基斯致力于建立社区和支持性机构，以帮助人们的个人发展和职业发展。2011年，她与朋友共同创立了ZE ZE组织，主要通过创办、管理和发展可持续的社会企业为社区创造就业机会。2013年，她参与创办了Elevation学院并担任该组织的首席运营官，致力于帮助残疾人和极端正统派等弱势群体加入创业行业。纳基斯毕业于特拉维夫大学，是心理学和电影学的双学士。2016年，她与朋友共同成立了一个由女性企业家组成的国际化组织Doubleyou. life，目前担任该组织的CEO。

在纳基斯看来，凑菲姆童军营造了一种公共环境，尤其适合培养创业精神。她提道："我加入凑菲姆童军之后才真正开始了解创业。"我在前文中也提到，凑菲姆童军的所有活动全部由其成员负责执行。也就是说，从创意的诞生到最终实施，整个过程都由十几岁的青少年全权负责。一个项目的成功与否完全取决于成员的技能和吸取教训的能力。比如，在组织夏令营活动和设计营地木结构的过程中，哈里赫就能了解到想法和实际执行之间的差距。

"成功运营一个项目要在凑菲姆童军经历好几个阶段。这些阶段和创业过程中的经历非常类似。"纳基斯解释道，"首先，这个项目得有吸引力，要得到人们情感上和经济上的支持。其次，还要招贤纳士以确保项目的落实。最后，作为发起人，你一定要有吸引他人合作的能力，要让人们相信你所描绘的愿景。凑菲姆童军的经历非常锻炼人。"

在凑菲姆童军组织中，随着参与者的成长，他们的责任越来越大，面临的挑战也越来越艰巨。他们能在这个过程中了解自己的兴趣所在和擅长领域，也能认识到自己的短板。纳基斯回忆道："高中那段时间，大家都喜欢新奇事物，总想尝试些以前从未做过的事情。我们当时研制了一种链式反应机，我是结构部分的负责人。老实说，我所在的部落此前从未参加类似的活动，但我们制作的链式反应机却被评选为核心结构，获得了第二名的成绩。这个项目使我受益良多，我发现自己在招兵买马方面有很高的天分，我非常擅长绘制大家的共同愿景并以此来激励全体成员。另外，组织工作也是我擅长的，但我同时也意识到，我并不总是喜欢扮演组织者的角色。"

在创业过程中，纳基斯也时常用到当初在凑菲姆童军吸取的经验。她说："孩子们在凑菲姆童军遇到的挑战不仅涉及时间管理，也涉及人际关系管理，它提供了丰富的渠道来学习这些技能。加入童军就相当于开启了认识自己的旅程，我认为这才是凑菲姆童军的独特之处。"

第九章　让孩子当家做主

以色列的青年组织秉持一个共同的价值观 —— 不管是在地区层面还是在国家层面，青年运动的轨迹始终与社区紧密相连。青年组织的参与者长期致力于各种社区项目，他们积极参与志愿活动，在推动已有项目的同时也在不断发起新项目。根据自身能力，各个年龄层的参与者都可以出一份力，比如探望老年人，帮助大屠杀后的幸存者，收集和发放食物，辅导年轻难民学习希伯来语……

我儿子就参加过一个很有意义的项目活动。当时有一批来自非洲的难民家庭，了解情况之后，我儿子所在的凑菲姆童军部落决定为这些家庭的小成员组织定期的生日庆祝活动。生日蛋糕、蜡烛、游戏、礼物和生日歌，一样不少，全部由凑菲姆童军的部落成员负责准备。对很多难民家庭的孩子而言，这可能是他们出生以来过的第一个像样的生日。

青年运动的成员有大量机会接触社区工作，为社区做出贡献，这种难得的经历很可能在冥冥之中决定他们未来的发展方向，引导他们走上一条截然不同的道路。

16 岁少女创立雪球之翼

雪球（译自希伯来语"Krembo"）：一种有着巧克力外壳的棉花糖奶油夹心饼干。雪球是以色列的冬季传统零食，一般在 10 月至次年 2 月销售。

16 岁那年，以色列姑娘阿迪·阿尔茨舒勒成立了一家非营利青年组织，名为雪球之翼（Krembo Wings）。要解释这背后的渊源，我们得先回到阿迪 12 岁那年。当时有一个专为残疾儿童策划活动并提供服务设施的公益组织 ILAN，阿迪经常参加该组织的志愿活动。就在提供志愿服务的过程中，她结识了 3 岁的脑瘫男孩科比·卡菲尔，两人很快就亲近了起来。长期的相处使阿迪融入了卡菲尔一家的生活，也使她与科比建立起一种超越语言交流的信任关系。

在与科比相处的过程中，阿迪注意到，科比非常渴望和朋友一起相处。"其实他很爱交朋友，"她曾在 NoCamels 的新闻采访中透露，"但是每天放学以后，他只能跟我和他的家人说说话。"

2002 年，16 岁的阿迪加入非营利青年组织"引领"（LEAD），这个组织主要为青少年提供社区项目规划、实施和管理方面的经验。不久后，作为"引领"成员的阿迪就面临了一项任务 —— 解决一个困扰自己多时的难题。一番思量之后，雪球之翼就在 2002

年年底诞生了。一开始，雪球之翼只是小范围地组织一些聚会，只有科比和他班上的同学参加。阿迪一个人全权负责和家长的沟通工作和路上的交通安排。"结果很成功，"阿迪表示，"消息也传得很快，越来越多的家长和教育人士听说了这个组织，都希望我尽快把规模扩大。"但阿迪还是保留了青年组织原本的结构，坚持让青少年来领导。在成员的共同努力下，大量残疾儿童和患有认知或感知障碍的儿童得到帮助。从此，他们拥有了更加丰富的社交生活，也更好地融入了当地社区。要做到这一切，雪球之翼的成员必须同时扮演多种角色，他们既是参与者又是向导，既是培训师又是管理者和策划人。从牵头策划活动到招募志愿者，他们必须协调各方工作才能确保一切的顺利进行。而志愿者作为不可或缺的参与人，也能锻炼和发挥自身的领导力。

经过几年的稳定发展，雪球之翼成为以色列知名的青年组织。在提到当初建立该组织的动机时，阿迪说："有了雪球之翼，科比和无数个跟科比一样的孩子终于不再是一座孤岛，他们可以也应该拥有社交生活。他们应该跟其他人一样享有同等机会。说到底，这个组织不仅关乎这帮孩子，也关乎我自己和更多的人，它使我们每个单独的个体产生了联系。"

截至目前，雪球之翼已经服务了覆盖 47 个社区的 4000 多名青少年，他们最大的 21 岁，最小的只有 7 岁，每个人都代表着不同的文化、宗教和背景。阿迪相信，残疾儿童应当拥有社交生活，为实现这一点，她付出了很多努力，如今终于看到了希望。

　　大概阿迪也没有料到后来的发展。她曾经表示："大家当时都只有16岁左右，其实没有什么所谓的愿景、战略或者商业计划。"2009年，阿迪和她成立的雪球之翼荣获了广受以色列人尊敬的奖项——总统志愿服务奖。2014年，阿迪被《时代》杂志评选为全球六大未来杰出领导之一。同年，她在联合国发表主旨演讲，介绍如何通过公益创业来促进国家的经济增长。相信年轻人的能力，让年轻人去改善社会环境——这就是雪球之翼成功的基石。让一帮十几岁的青少年来管理70多名志愿者和数量庞大的特殊儿童，这听起来似乎有点不可思议，但这正是以色列各地的父母和机构正在做的事。

　　希尔曾负责管理雪球之翼在莫丁小城的分支，她感叹道："一旦开始当家做主，人就会产生一种责任感，这会加速人的成长。我们在青少年时期就得学会管理，学会应对一系列棘手问题。当时也有不少成年人告诉我，他们大概得30岁以后才可能面临同样的处境。"但在雪球之翼，成员的责任并非靠组织上强加，而是全凭这些年轻人主动承担。16岁时发起的项目引领阿迪·阿尔茨舒勒成为今天受人敬仰的社会企业家。而在以色列，类似的故事还有很多。

青年来领导

　　16岁那年，夏林·费舍尔还是个普普通通的高中生，但以色列国防军 8200 情报部队已经成为科技商业领域的传奇，只有通过层层筛选的精英才有机会书写一段又一段的传奇故事。

所幸她很早就开始为选拔做准备，在校期间，她积极参加选修课程和课外活动，另外还在闲暇时间抽空学习阿拉伯语和计算机科学。在自己的努力和学校、家人的大力支持下，夏林顺利拿到了国防军 8200 情报部队的入场券。

2013 年，夏林开始投身创业，她的目标非常明确，就是复制那种在成长和服役过程中给予自己大量支持的机制。作为一个从中受益的人，夏林深知，培养网络和计算机领域的专家必须从孩子抓起。

夏林曾就读于得克萨斯大学的外交、战略和国际关系专业，随后前往以色列赫兹利亚跨学科研究中心深造。毕业后，她创办了以色列首个科技领域的青年组织 TechLift，以国防军 8200 情报部队退役军人协会的名义开展活动。在鼓励初高中青少年不断突破个人局限、取得更高成就的同时，TechLift 组织也致力于培养未来科技创新者和企业家所需的技能，并创造条件。

TechLift 的诞生是必然的选择。夏林解释说："我在国防军 8200 情报部队服役的时候就产生了这个想法，8 年的军旅生活……当时每天都面临各种棘手问题，动辄关乎生死。在紧急情况下，我们必须打开思路，摆脱条条框框的限制。"

国防军 8200 情报部队的教学重点就是让队员学会应对突发性

的棘手问题。随着时代的发展，老办法解决不了新问题，所以创造性思维就是部队的重点培养方向。

当国防军 8200 情报部队陷入人才严重短缺的处境时，夏林意识到，这次必须采取前所未有的措施。她认为："在 6000 名擅长科技知识的高中毕业生里，参加国防军 8200 情报部队选拔的人还不到 10%，而且这 10% 当中还只有 200 人能顺利通过考核。现在网络安全领域的威胁越来越多，国防军 8200 情报部队每年都至少需要 1000 名新人。这是一个巨大的缺口，直接关乎国家安全。"

当部队把这个问题交给夏林时，她先是尝试找到问题产生的根源。"当时的情况是，我们固有的教育体系负责培养人才，然后再输送至军队。如果军队出现了人才短缺，那么根本问题还得回到教育体系。话是这么说，但网络安全本身就是个新兴领域，教育部也不可能在短时间内开始大力培养该领域的师资。"夏林的想法不无道理。学校还在沿用过去那套教学方法，但这些内容已经脱离了 21 世纪的现实。在她看来："最重要的是学会防患于未然。年轻人得具备学习能力和创造性思维，而不是拘泥于固有模式和方法。他们不应该受到教育体制的局限，而是要运用自身的学习能力，为未来做好准备。"

退役后，夏林希望凭自己的力量带来一些改变。她感叹道："我在黑客竞赛中当过评委，那次经历让我发现，其实很多年轻人都对科技着迷，只是没有继续学习的途径而已。虽然我们有一些知名的网络教育培养计划，但事实上只有少数人有机会参加。以色列'创业大国'的名声在外，但真正从事创业和科技行业的人其实占比不大。所以我们才看到，在发达国家中，以色列国内的社会经济差距长期居高不下。像极端正统派、阿拉伯人以及新移民等，创业和科技似乎与他们完全无关。"

既然意识到了问题所在，夏林趁热打铁，随即创立了TechLift——一个为科技爱好者而生的青年组织。在这里，家庭背景、学龄和学习成绩都是无关紧要的因素，只要是对科技感兴趣的孩子，都能在这个青年组织中学习相关知识。夏林介绍说："我们关注现实问题，比如，为了处理水污染，我们就发明了一种可以进行水过滤并且分析污染原因的机器人。"类似的例子还有很多。夏林兴致勃勃地描述着："最近有个项目很有意思，我们在设计一种全新的密室逃脱游戏，它融合了虚拟和现实体验，其中甚至还包括破解计算机代码的任务。"经过培训，新加入TechLift的哈里赫将成为未来的马德里赫，接着再指导下一批哈里赫，就这样持续不断地新老更替。夏林认为："青年组织是国家教育体制的补充，在教育体制未能完善的领域，青年组织就能脱颖而出，发挥作用。TechLift是未来领导人的摇篮，是高素质人才的输出地，我们将带头推动科技教育的变革。"

夏林10岁就加入了凑菲姆童军，正是在那儿，孩子们习得了获取各种实用技能的能力，以便在未来生活中派上用场。是凑菲姆童军的理念和组织结构使夏林产生了关于 TechLift 的雏形。夏林说："我的初衷就是帮助弱势群体融入社会，给他们一片展现自己的天地，有所作为。这也是凑菲姆童军以及其他无数个青年组织存在的最大意义。"

青年志愿者过半的 MDA[*] 组织

对谢克德·罗恩塔尔而言，2018 年 1 月 12 日是个特别的日子。这个故事得从莫丁（以色列中部城市）的一辆救护车说起。在救护车开往附近医院的路上，车上的医护人员顺利把两个婴儿带到了这世上。也许你认为这不过是件稀松平常的事，类似的故事每时每刻都在上演。但在莫丁的这辆救护车上，一位帮忙接生的志愿者还不到 15 岁，他就是这个故事的主人公谢克德。

这一天一开始和平常没什么两样，救护车司机（也是持照医护人员）和包括谢克德在内的 3 名青年志愿者当班。早上 7 点，他们开始忙着送一位 37 岁的待产妇女前往医院，还没等到达医院，这位女士就在他们的帮助下顺利完成了分娩。见证新生命的诞生令他们激动不已，还没从中缓过来，没想到 10 点左右的时候，他们又接到电话，要把另一位准妈妈送到医院。这一次，同样的事情又发生

---

*   MDA，Magen David Adom，相当于以色列版的红十字会。

了，一个女婴在前往医院的救护车上出生了。不到15岁的谢克德感动不已："生命太奇妙了！我很开心自己有幸参与其中。短短几个小时里，我们帮忙把两个小生命带到这世上，希望这两位妈妈和她们的家庭一直幸福幸运！以后也希望能在同样的情况下出一份力。"

谢克德在MDA担任志愿者。MDA的职能与红十字会类似，这里的工作包括培训护士、协调献血、帮扶弱势群体，以及提供海陆救援服务。不同的是，在MDA的17000名志愿者当中，有11000名15岁至18岁的青少年！想不到吧，60%以上的志愿者竟然都是懵懂年纪的青少年。

自1930年MDA成立以来，青年成员就一直活跃在前线。无论是1948年的以色列独立战争，还是20世纪70年代战火袭击之中的伤员撤离，抑或是20世纪90年代抗击恐怖主义的积极行动，青年向来都是第一批响应号召的人。MDA的年轻人从未停止他们的步伐，每年也都有成千上万的以色列人获得MDA的援助服务。

其他各国的红十字会也不乏青年志愿者，但相比之下，以色列MDA的青年志愿者从事着更加复杂的现实工作，比如高级心肺复苏、援救车祸伤员和因公负伤者，以及照护危重伤者。每年，该组织里的青年志愿者都会提供150万个小时以上的志愿服务。除此之外，他们还要参加进阶培训，学会处理大规模伤亡事件，参加暑期的马德里赫培训课程。随着青年志愿者的成长，他们将承担更多职责，包括管理志愿者培训、协调轮班等。

近年来，有关青少年参与救护工作的问题也在以色列引起了广泛讨论。他们应付得过来吗？有必要让青少年承担重大社会责任吗？撇开辩论双方的立场，以色列青年还是在积极参与社会上的医疗活动。他们自愿轮班，在救护车上提供支援，如果没有这些提供热心帮助、不断学习新知识的年轻人，又该是谁来完成这些工作呢？

以色列人相信，这个国家的青年有能力为社会做出贡献。虽然他们喜欢冒险，也会犯傻，但他们有能力直面挑战，也应当承担相应的责任。他们不是对社区工作没有丝毫准备的未成年人，而是能在政治、社会、教育和文化方面发挥重要作用的社区成员。

在以色列，青年人代表着这个国家的今天和未来，我们鼓励青年人积极承担责任。不过，救护车上的志愿活动预示着无数未知挑战，可能有些家长会反对自家孩子参与其中。但纵观全国，我们还是在各种社会活动中看到青少年的身影，他们总是适时向需要帮助的人们伸出援手。这就说明一点，青少年不是不懂事的小朋友，他们也在努力扮演社会公民的角色。

培养青年领导力的组织 ——"引领"

据统计，以色列共有 55 个青年组织，这些组织拥有超过 246500 名青年成员。我很难对每个青年组织做出恰如其分的公允描述，但他们都有一个共同定位，那就是成为对社会有贡献的组织。在青年组织中，权利与责任相对应，但这不是社会强加在青年人身上的"负担"，而是他们的主动选择。

以色列青年都是行动派。他们没有被贴上"懵懂小孩"的标签，所以才能成为推动社会变革的中坚力量。他们的世界和成人世界并无二致，比如，青少年都懂一个道理：无惧尝试才是最重要的，而成败则是常有之事。这样的文化催生了一批培养青年领导和社会领袖的组织，"引领"就是其中之一。

"引领"是一个致力于培养青年领袖的非政治组织。它的独特之处在于，其内部针对青年人的指导原则和方法均由社会领导、心理和教育领域的跨学科专家来研究和实施。任何年满 16 岁且具备领导潜力的青少年都能参加"引领"项目，也即为期两年的"大使培训计划"。在这个过程中，青少年将学习如何构思、规划、执行和管理独立的社会项目。"引领"长期邀请社科、商业、政府和教育领域的专业人士给青少年分享经验、开展培训，台下的培训对象和听众就是潜在的新一代领袖。

我在前面分享了雪球之翼创始人阿迪·阿尔茨舒勒的故事，她和"引领"也有着不解之缘。我们知道，阿迪在 16 岁那年成立了雪球之翼，并在短短一年内将其发展壮大，成为以色列最具社会意义的青年组织之一，而这一切都源于最初来自"引领"的资源和支持。

高中毕业之际，"引领"的成员刚好完成两年的大使培训计划，他们将成为"引领"的校友会成员，继续活跃在组织内部。这样的校友会设置也使"引领"成为全球最长盛不衰的领导力培养项目。静观其变和袖手旁观从来不是"引领"推崇的行事风格，相反，组织上下都将青年视为一股有着独立思想和执行力的社会中坚力量，也鼓励他们发挥自身力量。

大家有没有发现，前面提到的所有青年组织都有一个共性，即强调付诸实践。在这些组织中，所有成员都在切身地参与实际工作。不管是阿迪、夏林，还是谢克德，他们不只是懂得描绘宏伟蓝图的策划者，还是付诸行动的实干家。希伯来语中有个专门的短语来表示这种精神，叫"塔赫列斯"（音译自希伯来语"Tachles"）。"塔赫列斯"有两个意思，一方面表示实践性，另一方面表示抓住了要点，即以目标为导向，在实际行动中找到工作重点。

培养高科技青年的玛格西米和赛博女子项目

最后要介绍的是玛格西米（音译自"Magshimim"）和赛博女子（译自"Cyber GirlZ"）项目。这是以色列的两个校外培养项目，专门面向 12—18 岁的高天赋小孩。最初，玛格西米和赛博女子主要服务于以色列国防军，其主要提供计算机科学和网络方面的培训课程，着重培养那些希望进入情报和科技部队的青少年。随着项目影响力的增加，这两个项目的职能也更加广泛，逐渐成为输送高科技精英人才的管道。截至 2018 年，玛格西米项目已经成功运营了九个年头，已有 1000 多名优秀人才从项目毕业，其中，70% 进入了国防军的网络和科技部队。此外，在国防军 8200 情报部队，来自偏远落后地区的入选人员比例从 3% 提高到了 25%。玛格西米为以色列社会带来了显著变化，长期以来不仅能够巩固国家安全和经济发展，也有助于缩小社会差距。

项目发起人萨吉·巴尔曾是以色列网络司令部的人力资本发展负责人，也是拉什基金会旗下国家网络教育中心的创始人兼 CEO。在谈到发起这两个项目的初衷时，他表示，这其实是为了解决军方网络部队人才短缺的问题。据他回忆："当时就是缺人，很难找到可以胜任的人才。从 2010 年开始，网络行业的需求越来越大，但我们这个领域的人才极度短缺，最终导致以色列的网络发展滞后。"萨吉曾是以色列国防军精锐情报部队的中校，在服役期间，他负责了多个技术攻关项目，这些项目从执行到落地，全部由他领导。为表彰萨吉为以色列国防事业做出的杰出贡献，以色列总统和国防部长向他颁发了著名的以色列国防奖。毫无疑问，萨吉是一名优秀的工程师，也是出色的负责人和指挥官，但发起玛格西米和赛博女子这样的项目还需要超群的远见卓识。萨吉在发展国防事业的同时也没有忽略背后的社会挑战，而由他发起的这两个项目使两个问题同时迎刃而解。

无论是玛格西米项目，还是随后发起的赛博女子项目，培训的侧重点都是导向成功的必要技能。这些技能不仅适用于军队，也适用于商业和公益创业等场景。在选择未来发展道路时，项目成员拥有完全自主权，没有人强制他们加入某个部队，也没有规定说以后必须用到在这儿习得的技能。萨吉表示："这里只提供实现梦想的必要工具。我们激发孩子们的潜力，使这种潜力发挥到某个具体的领域，最后还得靠他们自己闯出一番天地。这算是一个机遇，也是成功的关键，只是我们很早就提供这种机会，孩子们在校期间就能把握。"

　　萨吉还称："我们的项目与创业有着密切关联，因为都会经历一开始大众不了解某个产品或者对产品没有需求的阶段，接着掀起重大变革，直到这个产品成为社会必需品。这些项目已经融入了以色列的文化。我觉得创业精神的核心就是发现问题，找到解决方案，接着再突出这个解决方案的不可或缺性。"

　　在拉什基金会工作期间，萨吉主要负责项目的战略规划和运营。项目成效巨大，以至于以色列国防军也一直在劝说萨吉继续扩大项目规模。如今，项目毕业生在民营范畴也广受青睐，甚至有许多公司通过捐赠为项目出资。这些公司很清楚，他们投资的是未来工程和网络领域的潜在员工。

　　玛格西米最初是由政府赞助支持的项目，现在也成了某种意义上的青年组织。萨吉认为："这个项目有它自己的生态系统。项目毕业生和 17 岁左右的成员负责培训 14 到 15 岁的成员，他们一起负责策划和开展大部分的夏季活动。这个毕业生社区也不是我们设立的，完全是成员自己的想法。"

在萨吉看来，孩子们的创造力造就了项目中的创新，而这种创造力则是源自以色列人培养孩子的态度。他认为："以色列人对年轻一代的成长有自己的独到见解。"孩子们从小面临日常生活中的挑战，接着进入青年组织和部队接受锻炼，等他们 21 岁的时候，"就会呈现一支高素质、高行动力的强大队伍"。我问他对未来有什么规划，他答道："我们希望利用现有知识和专长来建立一种培训机制，不只是在以色列，也在其他国家，教孩子们掌握未来的重要技能。"

第十章　灵活应变

　　有的国家没有义务兵役制，所以经常有教育工作者问我："怎样才能使年轻人和社区产生紧密联系？年轻人如何才能学会承担责任和后果？"在很多人看来，是以色列的义务兵役制塑造了年轻人的优秀特质。我倒不这么认为。如非必要，我绝不建议盲目地推行义务兵役制度。相反，以色列年轻人受到了不少其他项目的积极影响，这些项目反而更有借鉴意义。

　　我在前面几章着重介绍了以色列的青年组织以及青年组织提供的各种社区活动渠道。在以色列，公民意识觉醒的年轻人还能进一步做出贡献。在面临一系列选项时，很多年轻人会付出推迟人生计划的"时间代价"，"浪费"一年的时间服务社区。不过话说回来，这真的算得上"代价"吗？这一年的时间倒更像是一种奖赏。

间隔年项目

以色列为广大高中毕业生提供丰富的间隔年项目。在一年时间内，他们可以一边学习充电，一边服务社区。通过间隔年项目（参与人和青年组织成员一样，也叫哈里赫），成员可以为随后的服役生活做好充分准备，同时积极参与社会生活，构建公民价值观。其中，最广为人知的包括 Mechina 预科项目和 Shnat Sherut 社区服务项目。

Mechina 项目的特色就是非正式研究型学习。项目成员可以在哲学、心理学、政治学、文学和历史等学科中自由探索。Shnat Sherut 项目则是提倡在周边或其他相对贫困的地区提供社区服务。

这两个项目提供了体验自由自主和社区生活的机会，相当于童年时期和成年生活的分水岭，也是从校园到军队的一个过渡。对很多人而言，这或许是他们第一次离开家的庇护，第一次搬进有 20个同龄人的集体宿舍，真正地独立照顾个人生活。在这个过程中，他们必须精打细算、节省开支，在学习相处之道的同时发掘个人能力并力所能及地为社区服务。

温迪是我的闺密，她的两个女儿诺亚和塔马尔都参加了 Mechina 项目。她告诉我："在服役之前参加 Mechina 绝对不是'代价'。通过这个项目，18 岁的年轻人有机会承担超越年龄的责任，用这一年的时间参与社区管理。他们没什么资源，一切全凭自己，是真正的从无到有的过程。这是另一个层面的价值教育和领导力培训，是学校教育体制无法提供的。"

塔马尔参加的是 Mechina 在艾因普瑞特学院的项目。项目结业那天，她的家人也去参加了结业典礼，成员们向大家介绍了这一年的志愿活动和社会公益项目。就拿塔马尔来说，她在以色列南部城市贝尔谢巴组织了一个为期 5 天的露营活动，活动面向 130 名 6 到 18 岁来自埃塞俄比亚的孩子。之所以这样安排，是因为学校在光明节期间放假，孩子们参加露营就可以让家长们安心上班。要组织这样的活动，塔马尔不仅要寻找场地，还要安排大大小小的事项，包括准备食物、策划活动内容、购买意外保险、筹集 4000 美元活动资金，还要为另外 40 个管理营地的成员安排过夜的地方。

但塔马尔不是迫于压力承担这一切，而是主动挑起大梁，发挥我们所说的"侯施伽多勒"（音译自希伯来语"Rosh Gadol"）精神。如果把"侯施伽多勒"直译成中文，就是"大头"的意思。但希伯来文化里把某个人比作"大头"不带任何贬义，不是暗指这个人自视甚高、目中无人，也不是说这个人头大，而是比喻一个愿意主动承担责任的人，一个被视为榜样的人。伟大的企业家无一例外地具备侯施伽多勒精神，他们总能设想一个全新的未来，善于发现他人忽略的细节。侯施伽多勒精神正是以色列众多项目的核心。无论成员未来的路要怎么走，他们始终可以从中获得支持，得到锻炼。

自从塔马尔参加了 Mechina 项目，温迪发现女儿的责任感和独立能力明显有所提高。"间隔年项目绝对不是浪费时间，更算不上代价。塔马尔在艾因普瑞特多待了 6 个月，所以在入伍之前，她其实花了 1 年半的时间参加社区服务和领导力培训。"

温迪将 Mechina 预科项目的模式介绍给了她伦敦的朋友，她说："Mechina 项目非常值得借鉴。我朋友正好在津巴布韦创办培养高中生领导力的学院，她也采用了 Mechina 的模式。"

如今，越来越多的年轻人选择在入伍之前参加间隔年项目。2015 年的数据显示，在以色列的高中毕业生中，有 5% 的学生选择花一年的时间提供无偿志愿服务，随后再开始为期 2—3 年的义务兵役。也就是说，上大学、找工作、结婚生子这些现实的人生计划都要因此推迟。尽管如此，参加此类项目的年轻人比例却与日俱增。由于名额有限，很多时候还要经过激烈的竞争才能顺利加入。因此，参加间隔年项目的经历也常常被视为个人能力的佐证。

服务边缘儿童的儿童村

全球有将近 500 个 SOS 儿童村 *，村里生活的都是脱离原生家庭的孩子。以色列也坐落着两个 SOS 儿童村，Megadim 儿童村便是其

---

* SOS 儿童村（德语：SOS-Kinderdorf），是一家为保护儿童权益而设立的国际非政府慈善机构。

中之一。芭芭拉·班伯格是 *Tablet* 杂志的记者，在提到 Megadim 儿童村的理念时，她描述说，一切努力都是为了"让孩子们享有爱和家庭的温暖"。据她介绍：

> Megadim 儿童村坐落于以色列的北部城市米格达尔·哈埃梅克，这是一个配套设施齐全的社区。来到这里的孩子们各有各的故事。他们离开原生家庭的原因错综复杂，有的是受到身体或者精神虐待，有的是因为极度贫困，有的是因为父母失职。只有在找不到任何亲属照顾孩子的情况下，他们才会来到 Megadim 儿童村。这里有 8 个家庭，一共抚养着大约 80 个孩子，最小的只有 4 岁。每个家庭都有一个"妈妈"的角色。妈妈们都在 Megadim 儿童村安家，养育这些年龄各异的孩子。

人手不够是许多民间组织面临的一大难题，Megadim 儿童村也不例外，光靠组织内的工作人员很难满足孩子们的日常需求。考虑到儿童村的难处，Shnat Sherut 社区服务项目的志愿者及时伸出援手。在志愿者的帮助下，Megadim 儿童村实现了稳定蓬勃的发展。村里每个家庭都配有一名 Shnat Sherut 社区服务项目的志愿者，他们一边为每个家庭的妈妈排忧解难，一边引导孩子们，树立良好的榜样。不管是出游旅行、庆祝活动还是集体项目，村里大大小小的事项都能看到青年志愿者的身影。根据芭芭拉·班伯格的解读，志愿者基本充当管理人员的角色。他们帮助维持儿童村的良好运转，完成办公室行政工作，策划课外活动，陪同孩子们在菜园和宠物互动园开展各种有趣活动……志愿者的工作涉及儿童村的方方面面。

由此可见，青年志愿者实际承担了与成年人相当的责任，他们必须成为孩子们眼中可以尊敬和依赖的人。这是一段自我成长经历，志愿者得以了解社会的真正需求，从而发挥相应的作用。这个过程充满挑战却意义非凡。

无论是 Mechina 预科项目还是 Shnat Sherut 社区服务项目，都配有一个由导师、社会工作者等成年人士或资深成员组成的咨询团体，专门为项目中的年轻成员提供支持和建议。这样一来，年轻人在承担责任、走向独立的过程中也能从朝夕相处的同伴和前辈那儿获得及时帮助，由此实现自由试错与成长监护之间的最佳平衡。

"推迟"的人生计划

下面这个故事的主人公叫伊扎尔·沙伊，他是风险投资公司 Canaan Partners 的合伙人，也是科技界著名播客 Startup Stadium 的创始人。除此之外，伊扎尔还是一名业余作家，著有小说《如你一般美丽》（*As Beautiful as You*）。这位以色列科技圈大佬有四个孩子，其中三个都参加了 Shnat Sherut 社区服务项目。伊扎尔回忆道：

"当大女儿希尔告诉我她的决定时，我非常支持她。"希尔在以色列知名的贫困城市哈德拉待了一年，在这一年里，她一边在学校照顾自闭症儿童，一边管理当地的凑菲姆童军部落。

希尔表示："照顾自闭症儿童是我们公寓室友的共同选择。"她口中的"公寓室友"是包括她在内的五个年轻人，都是通过 Shnat Sherut 社区服务项目认识的。希尔说："指导我们的大人给予的支持非常有限，因为要走的程序太多了。放手让我们自己处理反倒实现了最佳效果。我们公寓的每个人都各司其职，大家相处得也很愉快，就像一家人。"

这个社区服务项目结束后，希尔进入了以色列国防军 8200 精锐情报部队。从部队退伍时，她已经将近 25 岁了。"在上大学和后来工作的时候，我很难不去注意自己的年龄，因为的确比其他人大。不过大几岁也决定不了什么，我就是想活得更充实一点，享受当下就可以了。社区服务项目是一个宝贵的机会，我庆幸自己把握了机会。"目前，希尔就读于特拉维夫大学的职业治疗专业，她平时也会利用闲暇时间从事志愿工作，比如教贫困地区的孩子们学习英语或者照顾老人。

不管是参加志愿活动还是帮助自闭症儿童，这些都是希尔自己抑或是后来和在 Shnat Sherut 社区服务项目中的室友独立做出的决定。独立决策，这对很多项目志愿者而言都是第一次。在这之前，以色列孩子几乎每天都身处学校的教育体制中，学校就是他们生活的全部。

在大部分国家，18 岁最大的象征意义就是进入大学，也就是换一个地方继续念书。诚然，中学和大学有着不小的区别，但从本质上来说，大学依旧代表一个引导、约束年轻人行为的机构，它会在一定程度上限制年轻人大胆地自由体验和试错的机会。

如果是在 Shnat Sherut 社区服务项目中，年轻人将享有更多的独立自主权。参加项目的志愿者将开始为期一年的集体生活，一般是十个人左右共住一个公寓，他们将以个人或团体的身份在各自关注的社会领域提供志愿服务。在这个过程中，志愿者要扮演多种角色，也拥有足够的空间来发挥主动性，体验社会责任感。他们是肩负责任的成年人、提供支持的朋友，也是他人学习的榜样……在这里，成败与否完全取决于自己，与他人无关。通过这段经历，很多年轻人才第一次真正品尝到了独立自主的滋味。

发展心理学领域的知名专家杰弗里·阿内特指出，在没有间隔年项目或者义务兵役制的国家，年轻人往往会在融入成年社会的过程中遇到问题，他们可能会表现得格格不入或者过于叛逆，又或者采取一种不闻不问的避世态度。很多现实问题，例如工作难题如何解决、社会责任如何承担，一直身处象牙塔中的学生很难找到答案。高中毕业后，他们能够想象的道路要么是继续学习，要么是找份技术性不太强的工作，甚至是缩在家里和社会断绝联系，这些都不能满足学生的真正需求。

通过间隔年项目，年轻人可以参与各个民间组织的志愿活动，并在这个过程中完成从青春期到成年世界的缓冲过渡。间隔年项目可以全方位调动年轻人的组织能力、主观能动性、与不同年龄群体相处的社交能力、团队合作能力、领导力以及沉着应对各种难题的能力。

我们认可志愿工作对社会的重大意义乃至不可或缺性，但一年的时间毕竟有限，短短一年的志愿工作很难为社会带来明显改善。这也是很多年轻人在一年当中学到的道理，他们付出的汗水没人看见，很多工作仿佛石沉大海，甚至没有溅起一点水花。这很现实，也很残酷。尤其是很多孩子从小在爱里长大，之前也从未离开过规则清晰、目标明确的校园，他们很难面对不受自己控制的局面。但在这一年的时间里，他们将多次体会希望落空的滋味，这是必经的一大挑战。

我们要鼓励年轻人推迟按部就班的人生计划吗？老实说，这个问题没有唯一的正确答案。间隔年再加上服兵役，所花时间的确不短，相当于要把上大学和找工作的时间推迟 4 到 5 年，这绝对不是什么轻松的决定。尤其是在当今社会，即使是一年的时间，就足以让人拉开很大的差距。但话说回来，难道 18 岁按部就班地上大学就不是推迟人生计划吗？很多人在 18 岁的时候还不了解自己生活的社会，甚至不了解自己，却选择在这个节点专攻一个未来可能从事的职业领域。也有人选择先体验一段充满挑战甚至挫败的经历后再进入大学，选定一个发展方向。这两个选择孰好孰坏？对于这些问题，数万名以色列青年将在志愿服务中找到答案。

无畏：为什么以色列能成为创新强国

第四阶段

规模化

我们可以把以色列人的青少年时期比作创业中的效率提升阶段，在这个阶段，孩子们可以发掘自己的最大可能性、大胆试错、勇敢冒险，学会独立地对自己和社会负责。随后以入伍服役的时间为节点，往后的过程可以模拟为创业的规模化阶段。

　　高效的企业必然拥有一个运转良好的机制。当大部分资源得到了有效利用，公司的各个部门也已经分工明确、合作紧密的时候，就该考虑扩大规模的问题。

　　要形成更加强大的组织，进入规模化阶段的企业必须全方位考虑问题，比如，哪些是企业不可或缺的人力资本？哪些员工是专业人士，他们的专长又是什么？如何定义企业的文化和价值主张？在这些问题有了答案之后，企业要建立清晰的组织架构，明确公司的高层、中层以及团队领导等。完成这些工作，企业就可以朝着保持市场份额的目标，正式推进公司的规模化。

　　以色列的军队就是一个由几十万人组成的规模化组织。读到这里，大家可能会有点摸不着头脑：商业组织和军队能有什么关系？大家之所以产生这种想法，是由于过去对于军队的刻板印象。等级制度、命令、纪律、标准化……这些关键词是不是已经出现在了你的脑海中？我要告诉你的是，以色列军队的形象恰恰相反。

　　不管你对军队的刻板印象是来自电影还是历史书籍，现在请大家试着抛开脑海中出现的固有形象。我将在下面一章介绍一种新型军事组织，一种组织结构和组织文化越来越像当今规模化企业的军队。

第十一章　不拘一格的选拔机制

听到"军队"这个词，我们脑海中的第一印象大概是等级结构、繁杂手续、严格命令等。此外，标准化设备，一连串的清晰指令，远离家人、朋友的漫长日子，严苛的军队协议……这些也都在我们的脑海当中。很多人认为，打破陈规绝对是部队禁止的事情。军人必须一板一眼地执行命令，凡事不多一分不少一毫。

如果以上也是你所持的观点，那么你可能很难相信接下来我要讲的内容，因为以色列的国防军（IDF）不仅不符合你对军队的印象，很多方面甚至背道而驰。在下面两章中，以色列军队的不同之处将会逐一展现。我们很难从表面上发觉这些差别，就像以色列的幼儿园或操场看起来跟欧美国家没什么两样，欧洲或亚洲的青少年仿佛也跟以色列青少年有着相似的成长经历，但从本质上来说，内在的差异始终存在，而这些差异就是关键所在。在全球范围内，以色列的国防军自成一派，带有独一无二的以色列特色。

以下是几个常见场景：训练结束后，几乎所有军人都对上级直呼其名；战斗过程中的关键决策由指挥小组直接做出；基本装备每天都有变动；指挥官经常指挥比自己大两轮的军人；服役军人几乎每隔 20 天就回一次家。

对于以上场景，各位读者大概已经见怪不怪了，毕竟前面几章的介绍也不乏类似的桥段。有了前面的铺垫，这些行为就像是以色列人把服役前的习惯带进了军队，一切都衔接得很自然。但对于以色列年轻人来说，服役仍是人生中的一个重大事件，这种全新的体验将给他们的人生留下深刻烙印。

新兵招募和编组

在很多国家，17 岁高中生的首要任务就是考上大学或者拿到高中文凭后找份工作。以色列的情况有点不同，这个阶段的高中生几乎都在为义务兵役做准备，男生面临将近三年的军旅生活，女生的服役年限则是两年。立志进入国防军精锐部队的人选将经过激烈竞争的洗礼。很多人此前从未离开父母，现在才开始真正地独立生活，学着为国家和社会做出贡献。

很多人从小就知道自己将来会进入部队服役，也一直在为征兵这天做准备。当这一天真正到来的时候，当一个年轻人成功进入国防军服役的时候，这段经历绝对算是从小到大的高光时刻。

截至 2015 年的数据显示，以色列国防军共有 17.65 万名现役军人，44.5万名预备役军人。每4—20名士兵中产生一名士官，每20—40名士兵中产生一名排长，每40—100名士兵中产生一名连长。

这些军人的筛选和编组过程非常有意思。长久以来的经验证明，这种方式非常成功、准确且高效，也在很多方面继续影响年轻人未来的生活和职业生涯。

既不参考简历，也不看相关背景和成就，那么以色列国防军是如何对17岁的青少年进行筛选和编组的呢？他们关注的是技能、成长潜力和学习能力，而不是知识和经验。这与很多公司的人才筛选流程完全相反，过去的成就和资历往往是公司最为看重的。

这种筛选机制既适用于部队，也适用于部队以外的领域，尤其是今天的科技和网络行业。这些行业的需求说变就变，具有高度的不可预测性。不管是在部队还是在职场，人们必须不断地适应新环境。过去老一代花大力气才能习得的技能可能一夜之间就变得毫无用处。就业市场关注的不再是一个人拥有的特定技能，而是在不同场景下应用这些技能的能力。过去，很多企业招聘的焦点都放在了专业知识这一块，但时代已经变了，现在招聘的重点正在逐渐转变为思维灵活性、快速学习的能力以及适应能力。

以色列新兵招募流程

一般来说，17岁的高中生就会收到正式的新兵招募通知，邀请他们参加新兵选拔。第一阶段的选拔主要考查基本能力。应征者将参加初步的面试，展现希伯来语的读写能力，并提供近期成绩单。在这个阶段，应征者也可适当展示自己具备的技术背景。

紧接着就是体检，体检结束后将生成一份全面的个人体检报告。随后进入第二阶段的心理技术面试，面试官通常由一名 18 到 20 岁的女兵担任，她们此前都接受了为期四个月的专门培训，因此掌握了全面的测评技巧、心理学、社交能力和抗压能力方面的知识。这一轮面试主要是考查应征新兵的性格特质，了解他们应征入伍的动机和个人抗压能力，确认是否存在反社会行为，以及锁定与之匹配的国防军部队岗位。

这个心理技术面试的打分系统由诺贝尔奖得主及认知启发学之父丹尼尔·卡尼曼*开发，他 21 岁的时候就开始了一项研究，旨在评估以色列作战军候选人的能力。参照体检报告和心理技术面试的得分，以色列国防军就可以着手人员编组了。应征者可能被分配至空军、远洋海军或其他精锐部队。匹配相关部队的应征者将收到该部队的书面材料，后续将参加更为复杂的心理技术评估、专项体检以及部队心理学家和专家的面试。

走到这一步，体能和智力分数均达标的候选人将受邀参加以色列版的"特种兵选拔和评估"，国防军内部将这个测试称为"吉布

---

* 丹尼尔·卡尼曼，诺贝尔经济学奖获得者，1934 年出生在以色列特拉维夫，著有畅销书《思考，快与慢》。

什"（音译自希伯来语"Gibush"）。吉布什每年举行两次，数百名达标应征者只有再次通过严格的测试才能在以色列国防军的精锐部队获得一席之地。不光是他们的身体和精神承受能力，他们的团队合作能力也将受到考验。测试内容涵盖短跑等体能考核和脑力测试等智力训练，有专门的部队指挥官在旁考查应征者处理身体和情绪压力的能力。

吉布什和心理技术考核旨在确保应征者符合部队要求的身体和心理素质，而过去掌握的知识和教育背景并非考查重点。也就是说，部队真正感兴趣的是应征者面对挑战时所展现的个人能力以及快速学习新技能的能力。有些岗位（例如海军部队）的确要求一定的科学技术背景，但这只是极少数的情况，其他包括精锐部队、作战部队、作战支援部队、非作战部队和情报部队在内的岗位均没有对应征者的技术或学术背景做出规定。

其他国家的实践做法

在以色列这种全国性征兵、高流动率和个性化筛选的机制下，个人背景变得不再重要，任何年轻人都有望进入最具声望的精锐部队，肄业高中生也完全有可能在部队获得最高军衔（晋升的时候会被部队送往高校进修）。

在这种机制下，一个人过去的经历和实践知识没有那么重要，受到关注的反而是个人能力和潜力。但在西方国家，尤其是如果要在部队获得更高军衔的话，不参考过往经历和实践是不可能的。

在英国，只有教育经历非常出彩的人才能成为军官。也就是说，尽管名校的高中生在入伍之前没有任何军事背景，但他们毕业后就有机会直接晋升军官。军事训练的成效、个人战功以及与同一批队友相处的关系，这些是以色列评价一个士兵是否能晋升为军官的重要依据，然而在英国，这些特质与筛选军官的条件没有丝毫关联。

对英国部队的军人而言，这种安排意味着以下两点：其一，小时候没有接受良好教育的人成为军官的概率很小；其二，那些了解且适应部队生活的入伍军人很可能无法成为军官，军官是那些过去在教室埋头苦读的学生，由他们来指挥真正有实战经验的士兵。在这一点上，美国也和英国类似。美国委任的军官在入伍之时就必须已经拿到四年制本科学位，相当于早就为晋升军官做好了准备，而准尉又是根据军人的技术专长，从已有军衔的应征者中提拔。同样地，在法国军队中，受教育程度越高，可获得的军衔也就越高。

部队军官是否必须具备军事实践经验和战场经验？这一点有待商榷。事实表明，以色列国防军与没有实践经验的军官带领的军队之间有很大不同。以色列国防军的军官都是从普通士兵提拔上来的。当一名士兵证明自己具备一名优秀军官的技能和潜力时，才有机会参加军官培训课程，然后完成晋升。在实践中，军官是由上级长官选拔出来的，这些长官从训练初期就开始观察入伍士兵的军事素质和能力。由于现役军人的服役时间有限，国防军长官必须在几个月的限定时间内进行观察，随后挑选出那些符合军官培训条件的新兵。被选中的新兵将接受为期六个月的培训课程，待课程结束之后再回归部队，以指挥官的身份服完兵役。

案例：国防军 8200 情报部队

本书中频繁出现的 8200 情报部队是以色列国防军规模最大的单位之一，其职能相当于国家安全局，只不过以色列将这个部门归在了军队之下。这也就意味着，国防军 8200 情报部队的专业人员都是年纪轻轻的士兵。因此，新兵的素质和能力将直接影响该单位的任务完成情况。进入国防军 8200 情报部队必须通过严格的筛选程序，而最终只有少数精英能够脱颖而出。在这个过程中，"背景"显得尤为重要。

大家应该已经能够察觉到，此"背景"绝非彼背景。学习成绩的确是一个参考项，但过去参与的青年运动等社会活动也是重要指标。各个高中的校长可以评估学生的创造性和发散思维，向国防军 8200 情报部队推荐能力出众的候选人。此外，国防军 8200 情报部队的每名现役军人都可以推荐一名候选人参与选拔（即使被推荐人不符合起初的基本条件），不少人都通过这种方式加入了国防军 8200 情报部队。不只是国防军 8200 情报部队，以色列国防军的所有精锐部队都强调以多种渠道和方式覆盖尽可能多的适龄应征人员，这样才能保障一种最佳的人才筛选机制。最终，只有金字塔顶端的百分之一才能一路过关斩将，通过部队的层层筛选。

随着时间的推进，国防军 8200 情报部队的选拔过程也在不断演变，每年的选拔都有新的改进和积累。30 年前，部队情报类和科技类岗位有着严格的区分，而现在，两者之间的界限已经逐渐模糊，相应的新型选拔标准也应运而生。要进入国防军 8200 情报部队，应征者必须全面展现其团队合作能力、个人毅力和耐力以及计算机技能和语言天赋。这是由于国防军 8200 情报部队的任务越来越繁重复杂，人才选拔标准和门槛也有了相应的提高。因此，现在选拔的测评内容还包括了认知与人际交往能力分析、心理状况分析等。

如前所述，应征者的认知能力、语言能力、编程能力和数学思维将受到测试。但测试的重点不是单纯考查应征者过去掌握的知识，而是评估他们在陌生领域发挥个人能力的情况。例如，面试官可能要求应征者用五个小时的时间学习部分新语言，然后评估其对该门语言的掌握情况。在这个过程中，展现出潜力的应征者将继续参加相关语言课程，并在半年内达到精通这门语言的效果。

有的选拔甚至不是为了考查个人掌握的技能，而是专门发掘一些具备某种特质的人才，这些特质包括感染和激励他人的能力、高情商、开阔的视野和个人的独到见解。就像今天的用人市场，公司高层不见得是多么出众的营销人员或工程师，但他们一定深谙专家管理之道。换成军事场景，国防军 8200 情报部队的军官不见得都是一流的网络领域专家，但他们一定是擅长激励、管理和领导他人的人才。

部队的其他测试还包括八个小时的认知能力评估以及考察团队合作能力、领导能力、抗压能力和表达能力的情景测试。全部通过之后还有最后一轮面试，这将决定应征者的最终去留。

以色列国防军设有很多课程，当应征者进入课程学习阶段时，他们就已经被视为部队的一员，只不过最终的归属尚未确定，将来有可能进入情报、作战、海军等部队中的任意一个。事实上，很多课程安排并不是出于选拔的目的，而是让新兵对服役做好充分准备。在理想情况下，军方能根据初步选拔结果来预测出最终可以通过课程的新兵。因此课程结束时，军方要考虑的问题不是新兵是否匹配某个部队，而是他们在该部队内部的适合岗位。

国防军人才选拔机制在商业领域的应用

Synthesis 是我所创立的公司，我们公司的用人方法也从以色列国防军的人才选拔中受到很大启发。在对候选人信息掌握有限的情况下，我们公司有一套专门的方法来评估其性格特征、个人驱动力、激励因素，以及候选人与特定工作环境的匹配程度。根据评估结果，公司将在随后的培训中侧重培养员工灵活应变的敏捷思维以解决实际问题并实现目标。

公司所获取的候选人背景信息也是公司匹配人才的一大利器。根据求职者的部队服役经历，雇主就能推测出候选人所经历的选拔过程以及可能具备的技能和相关经验。服役军人在退伍之际已经掌握一套在部队中锻炼出来的成熟技能，这些技能往往也适用于如今的求职市场。例如，一个在作战部队服役三年的军人也许编程技能为零，但这段经历也许可以反映此人的适应能力、耐力、团队合作能力或者快速学习能力。

由此可见，以色列雇主的招聘流程与部队招募新兵的选拔流程极其相似，大家看重的都是个人的潜在技能和能力，而不是特定领域的已有经验或知识。

第十二章　凝聚社会的大熔炉

在我高三那年，大概是还有六个月满 18 岁的时候，我接到通知，让我去参加国防军 8200 情报部队的选拔。在当时，国防军 8200 情报部队并不像今天这样广为人知，很多人都没听说过这个组织，更不知道它是做什么的。那会儿的国防军 8200 情报部队更像是一个秘密单位，我们获取到的唯一信息就是，它是隶属情报组织的一个单位。至于选拔过程，部队的人先是给我做了一些测试，然后又让一个看起来 20 岁出头的年轻人来给我面试。几个月后，家里收到一封祝贺我通过选拔的信件。我当时还有点恍惚，感觉自己稀里糊涂地就被选上了。另外，如果要在情报部队担任重要岗位，我还得赶在正式入伍之前完成三个月的培训课程。课程从 8 月份开始，也就是高中一毕业我就得马不停蹄地开始新征程。

我当时也没想太多，很快就决定参加部队培训。于是，在我过完 18 岁生日后又过了一个月，培训课程正式开始了。培训地点在以色列中部的一个乡村住宅，我们一共在那儿住了三个月，老实说，从表面上看，那个地方跟军事基地一点也不沾边。大家都认识培训我们的军官，也只有他们才身着军装，不过他们看起来也就20岁出头的样子。我们那一批大概有30个学员，从早8点到半夜，一周有五天的时间都在培训，周五还要多培训五个小时。对我们而言，培训内容完全是一片陌生的新天地。

虽然还是教室授课的形式，但我们汲取知识的方式却与高中截然不同。除了固定几个小时的专家专题授课（后来发现，这些"专家"也就只比我们大几岁而已），其他大部分时间都是自习，也有点像课后作业的意思。只是这里的自习并不是一个人独自学习，而是由全体或者几个学员自由组合来完成的小组学习。我们经常花好几个小时来探讨和消化当天在专家课堂学到的内容。这种小组学习的模式给了我两个重要启示：首先，很多过去不知天高地厚的天之骄子终于摒弃了自己天赋异禀的优越感，领悟到山外有山、人外有人的道理；其次，没人能够单独完成所有作业，大家必须互帮互助，互相依靠。回想当初受训的日子，课程安排和课后作业压得人喘不过气，但这段受训的日子使我得到了极大的锻炼和成长。

三个月后，培训课程正式结束，也意味着我们即将开始三年甚至更长时间的服役生涯。在前往各自部门和团队报到前，我们先在新兵训练营进行了为期三周的训练，后来才去到真正意义上的军事基地。一直到这个时候我们才穿上了军装，与来自全国各地的新兵会合，并开始严格按照部队时间表来活动。随后我们了解了有关以色列国防军的协议、方法和价值观，走完这些流程，新兵才可以去国防军 8200 情报部队的相应小组报到。

关于服役期间的具体任务和工作职责，我无法在这里透露更多。但我可以保证的是，我在四年多的服役期内从未缺勤一天。每天清晨醒来，我和我的战友们都有一种强烈的使命感，感到身上肩负着维护国家安全的责任。在从事了九个月的情报工作后，我被选中参加军官培训计划，这也就意味着服役期顺延一年。军官培训历时六个月，涵盖内容包括基础训练和专业训练。结束培训后，我重新归队，肩负着"指挥官"或者说"队长"的全新身份。

如果要算一笔时间账，从参加部队新兵培训到我在如此高技术性的精锐部队完成军官培训，总共历时十八个月。经过军官培训，如我一般的初级人员在短短六个月的时间内迅速成长为团队队长。而在随后的两年中，我一直奋战在以色列情报工作的最前沿。在团队中的十五名队员退役后，我继续负责了新加入成员的培训。距离我退役还有六个月的时候，我有幸被选中成为国防军 8200 情报部队军官培训学校的负责人，当时我还不到 23 岁。一个 20 岁出头的年轻人就被委以如此重任，您或许会觉得非同寻常。但在以色列，类似的事情每天都在发生。

一支人民的军队

以色列国防军内的流动率极高，这也是它不同于其他国家军队的地方。一般来说，部队人员每三年进行一次"换血"，只有军官除外，但他们的服役生涯也只比其他人长个 1—2 年。

就部队而言，如此高的流动率在其他国家是闻所未闻的。以美国为例，军人入伍后，一般要在四年现役结束后再服四年预备役 *，或者直接开启职业军旅生涯，一直到退休为止。

流动率在很大程度上影响着部队结构。在国防军 8200 情报部队，每五年就会进行一次涉及 90% 人员的人员更替。如此规模的人员更替，如果换作美国或者任何集团公司，大概都是无法想象的。

除了对部队结构的影响，以色列国防军的高流动率还意味着每隔一段时间就有一批退役军人重新回归社会。但是，即使是退伍以后，军人也没有切断与部队的联系：大多数人会在随后继续服为期三年至三十年不等的预备役。如此之广的人群覆盖率使以色列国防军被视为"人民的军队"，当然，这个称号也只是体现了国防军的一个方面而已。

以色列国防军与民间社会有着千丝万缕的联系。我在前文中提到，服役军人每两到三周就可以回家休息几天，因为从基地回家的

---

* 预备役，国家平时以退役军人、民兵为基础，以现役军人为骨干组建起来的战时能够迅速转化为现役部队的武装力量。

车程最长也不过六个小时，这也在很大程度上形成一种紧密的军民关系。每逢周五下午或者周日早上，在以色列的汽车站和街道等公共场所，到处都能看到赶着回家的军人。

另外，以色列军人保卫的固然是广义上的国家，但很多时候，军人们负责的具体区域往往是自己从小成长、生活的城镇。如大家所知，以色列的国土面积不大，对于这片土地上的山谷和丘陵，人们往往如数家珍。让军人们保卫自己从小长大的热土，会使他们更快地融入自己的部队角色，产生强烈的情感联系。这种军事前线与家乡的结合让以色列军人与这片土地和在这片土地上生活的公民之间建立起了情感纽带。

不过，对于服役军人，尤其是国防军作战部队的军人而言，令他们感触颇深的还有战友之间建立的深厚情谊。长期的并肩作战在军人之间建立起牢固的社会纽带，这是部队所特有的战友情谊。

在国防军部队中，军人之间的社会纽带可能是自然而然形成的，也可能是个体之间有意建立的。第一种很好理解，如果一群人处于封闭式的环境下，并且要合作应对各种突发极端事件，那么自然而然地很容易建立起一种牢固有力的纽带。至于第二种，这是由于国防军在选拔过程中也非常看重应征者是否具备重情重义的特质，毕竟战友情谊被视为加入国防军的宝贵财富，且长期受到军方的大力宣传和鼓励。

无论是情报部队、非战斗部队的选拔，还是精锐作战部队的选拔，很多测试都旨在评估应征者的同理心、互助精神和团队合作能力。这些优秀的军人特质支撑着国防军的良好运转。以杜维德旺部队（以色列伞兵特种作战部队）的选拔为例，一群 17 岁上下的应征者在经历了一整天严苛训练的折磨之后又接到新通知：用担架抬一名队友爬上沙丘。与此同时，他们得知，团队中希望休息的人也可以选择不参与这项训练。这其实是一项测试，不过考察的重点不是最终能否登上沙丘，而是观察哪些人选择旁观，任凭其队友们去完成这项任务。自然，选择旁观的人也就无缘下一轮选拔了。

深厚的战友情谊向来是以色列国防军提倡的部队文化。友谊无价（希伯来语中的表达是"Reut"或者"Achvat Lochamim"），这也是军人们在服役期间的重要收获之一。

战友情谊可以极大地提振士气、鼓舞士兵。尤其是在作战状态下，在决定生死存亡和任务成败的关头，一切都取决于成员之间的默契配合和互相信赖。在著作《作战动机：士兵的作战行为》（*Combat Motivation: The Behavior of Soldiers in Battle*）中，加拿大军事研究员及历史学家安东尼·凯利特写道："以色列人将上场作战视为一种基于集体、合作和互相支援的社会行为。"在战场上，每个士兵必须无条件地信赖对方，也必须信赖部队指挥官的专业判断和领导力。那么以色列国防军是如何做到的呢？致力于安全和战略研究的学者塞尔吉奥·卡蒂格纳尼在《激励士兵》（*Motivating Soldiers*）一书中阐述道，部队指挥官必须具备一定特质，掌握正确的价值观，例如"足以服众的领导力、高尚的个人操守、在副指挥官和士兵之间建立互信的能力，以及培养众人逐步信赖武器和作战系统的能力"。

纵观以色列的军事历史，以寡敌众可以说是各个著名战斗中的一大特点。对于这个现象，学者卡蒂格纳尼认为，以色列之所以能够成功抵御各种常规或非常规且在人数上不占优势的敌军进攻，"主要归功于以色列武装部队的高度专业性、先进的训练方法和高昂的作战士气，这些先决条件使以色列士兵具备了质的优势"。

"大熔炉"

以色列国防军为何如此强调战友交情和部队士气？其源头可以追溯至20世纪五六十年代的国家政策。在以色列刚刚实现独立的前20年，国家领导人出台了"大熔炉"政策，试图为广大民众创造一个统一的社会身份。这项政策的初衷是吸引来自不同国家、不同文化背景的大批移民，从而使所有民众拥有一种求同存异的全新身份。

然而，"大熔炉"政策并没有实现预期的效果，反而在实施过程中出现了很多问题，例如无视新移民为国家带来的多元文化，或者盲目追求完全的身份统一而迫使整个社区完全放弃其原有身份。由于以上种种原因，这项政策被及时取缔，并在随后转换为更加灵活包容的做法。抛开落实过程中出现的问题和困难，"大熔炉"政策的正面效果也有目共睹：成千上万的移民来到这个建国不久的年轻国家，他们不遗余力地发挥个人能力，积极投身于建设国家的事业。

部队就是以色列的终极"大熔炉"，这是经过时间验证的真理。部队在不同种族且文化各异的群体之间建立了紧密联系。在部队中，不同群体所代表的社会文化符号不再显著，取而代之的是一个全新的共同身份。军事组织必须具备"大熔炉"的特点，尤其是像以色列国防军这种推行扁平化管理的组织（关于这一点，我将在下一个章节展开讨论）。要想在同级战友和上下级之间建立互相信赖的关系，就必须遏制部队中因社会、种族或经济实力而产生的个人优越感。这样才能使军人们对战友交情充满信心，珍视服役期间建立的友情，以及在部队中积累的经验和技能。

在以色列，深厚的战友交情并不局限于现役军队。如前所述，现役军人每隔一段时间就有一次回家探亲的机会，他们经常和普通百姓一样出现在熙熙攘攘的街头，所以他们从来没有脱离社会生活，随后又在几年之后完全回归社会生活，甚至再次以普通公民的身份加入预备役军队。这种服役经历可以说是整个以色列社会的共同体验，同时，社会生活与军旅生活的不断交织造就了遍布全国的深厚友谊，最终升华为一种凝聚全国人民力量的情谊。

政治学家罗纳德·克雷布斯认为，人类历史早已证明了军队那种凝聚社会的强大力量。"以西奥多·罗斯福总统为代表的进步派观点是，全民军事训练有利于'美国化'近期登陆美国海岸的大批移民。苏联政治家列昂尼德·勃列日涅夫也认为，苏联红军的广大人员覆盖范围有利于培养团结统一的苏联公民。"由此可见，伟大的国家领导人罗斯福和勃列日涅夫也曾利用军队和政策的力量以在多民族国家培养民族团结和社区意识。

在克雷布斯看来，"这种通过军队来构建和传播社会价值的做法最早可追溯至古希腊时期"。这种做法在第二次世界大战结束后的 20 世纪中期尤为普遍，甚至于成为当时欧亚非三大洲的国际惯例，各国纷纷"要求军队建立一种在群体差异拉扯之下的国家统一结构"。不过正如以色列"大熔炉"政策的结局，这种全凭军队力量来模糊社会和种族差异从而实现国家团结的做法很快就被取缔了。尽管如此，当初政策的失败之处可以继续根据实际情况发展予以修正和改进，以色列国防军当前的运作方式也是多年实践探索出来的自然结果。

退役并不意味着结束

退役并不意味着战友情谊的结束。在服役期间建立的友谊将一直延续并不断巩固。在随后的 20 年中，退役军人隔一段时间就会再次加入预备役，除了完成军事任务，设置预备役的另外一大作用就是加强社会联系。

重新穿上军装服预备役，往往意味着离开工作岗位、抛下个人生活，这样的经历是以色列人生命中难以磨灭的烙印，也在日后不断提醒着人们20多岁时的集体生活初体验。

在以色列，大部分国家政策的出台都是出于形势必要，预备役的产生也不例外。自建国以来，尽管以色列拥有一支动力十足、士气高昂的军队，却一直未能彻底解决军队人手不足的问题。原因很简单，以色列无力运营大规模的常备军以满足国防需求。

路易斯·威廉姆斯在《以色列国防军——人民军队》（*The Israel Defense Forces: A People's Army*）一书中写道："由于军队人员涵盖了社会各个阶层，且预备役的人员组织一般按照个人首次服役的表现决定，所以社会中的地位金字塔常常在这里被颠覆：大学教授可能得听命于自己的学生，工厂经理也许会成为车间工人的下属。"这样的军队组织不仅有利于连接不同群体和模糊阶层观念，也有利于巩固"国家大家庭"和社会共同福祉的概念。

不过，以色列军队对公民生活的参与超出了一种因需要而建立的被动关系，它同样是连接社会各个部门的天然桥梁，在解决社会重要议题方面发挥着积极作用。威廉姆斯举例说："独立战争之后，以色列国防军组建了一个主要由德鲁兹人、切尔克斯人和贝都因人组成的'少数民族部队'（300旅）。300旅至今仍在运作当中，其成员在边境巡逻等工作中发挥着关键性作用。"

另外，以色列国防军为入伍新兵提供的教育培训也不仅限于军事任务的范畴。由于士兵退伍后就要回归社会生活，以色列国防军也会帮助军人重新适应社会生活。例如，新晋移民或者其他弱势群体也许一时无法在军事方面发挥很大作用，但他们入伍后就能参加以色列国防军提供的希伯来语课程等教育培训，除此之外，部队也有助于他们获得高中文凭。

在服役期间，士兵也能参加各类为期一周的教育研讨会，从而有机会研究以色列的历史、地理、自然和社会。国防军在亚德瓦谢姆大屠杀纪念馆和大流散博物馆设有专门的教育机构。此外，为了帮助社会边缘青年，以色列国防军还将课堂教学与军事基地的工作有机地结合了起来。值得一提的是，这些项目并不只是面向入伍士兵，而是专门为社会弱势群体设计，由于项目产生的效益微乎其微，它们基本算是公益性项目。

摩西·谢夫是特拉维夫大学的教授，他曾说："以色列国防军为来自贫困家庭的年轻人提供了再次获得教育的机会，这些专门设计的教育培训项目有助于年轻人掌握社会技能并融入社会。"

另外，不只是军队参与社会生活，以色列的国民百姓也会参与非作战性的军事活动。许多志愿组织就在积极筹集资金，组织许多不在国防预算范围内的活动。例如，军人福利委员会就会筹集资金为军人提供体育器材、小礼物或者满足军人精神文化需求的物品。除此之外，很多志愿者也奔波在战场前线，为士兵送去蛋糕和水果等物资，必要时也帮助前线士兵向家里传话。

由此可见，以色列军队与以色列的社会生活存在着紧密联系。在很多方面，军队甚至是以色列社会经验中不可或缺的组成部分。以色列人长期在军队生活和社会生活之间不断转换，从而使这两个领域产生了源源不断的流动性。

军事资本、社会联系和战友会

在思考军队与以色列科技产业之间的关系时，在得克萨斯大学社会学系任职的奥利·斯维德和约翰·巴特勒对"军事资本"一词做出了新的解释。常规意义上，"军事资本"原指一国的国防资产，但斯维德和巴特勒却将军事资本定义为人力资本（军队中获得的新技能）、社会资本（新建立的社会联系）和文化资本（新的社会规范和行为准则）的总和。在斯维德和巴特勒的研究中，他们发现，军事资本在以色列的科技行业中受到了高度重视和利用。数据显示，以色列科技行业中有90%的从业者是退伍军人。他们还发现，没有在国防军服役的群体往往也不会投身科技行业。令人担忧的是，根据一项统计数据，"阿拉伯人只占以色列科技行业雇员的3%。对免服兵役的极端宗教群体而言，这个比例甚至更低，只占2.4%"。然而，这两个群体就构成了以色列总人口的30%。研究人员发现，尽管上述两个群体在其他各个经济领域均有所涉猎，"却唯独被科技行业排除在外"。撇开社会问题不谈，这些数据至少能表明一点，服役人士较从未服役的人士有着明显优势。

　　这种优势源于几个因素。一个因素是士兵在训练中习得并在服役期间不断巩固的能力，另一个也许更为重要的因素则是在服役期间建立的社会关系。斯维德和巴特勒指出，一个人建立的社会关系越紧密，"社会资本就越多"。

　　即使退伍并离开军事环境以后，在国防军服役期间建立的社会联系也将一直延续下去。例如，由退伍军人建立的社区、论坛和团体就扮演着联系中心的角色，从而将服役期间建立的友谊延续至民间生活中。这种设置能在很大程度上帮助退伍军人重新融入民间社会。在很多国家，退伍军人重返社会和就业安置都是不小的挑战。拉斐拉·迪斯希纳曾就美国民间组织与军队之间的关系展开研究。研究发现，退伍军人流离失所的现象在美国非常普遍，这直接促成了一个联邦工作小组的产生，该小组专门负责应对军人融入社会所面临的挑战。

　　另外，以色列采用了一种截然不同的模式。在以色列，服役的经历往往被视为一种优势，而通过服役建立的人脉则是一块跳板。斯维德和巴特勒表示："70% 以上的以色列人认为服兵役有助于自己与他人建立社会联系，68% 以上的以色列人认为在国防军服役的经历提升了自己找到工作的概率。"

　　战友协会也是维护这些社会联系的一种形式。以色列有许多类似的活跃团体，这些组织的使命和目标也非常多元，有的是为了宣传军队的价值观和优良传统，有的致力于帮助退伍军人解决就业并融入民间生活，也有像"终生战士"（Fighters for Life）这一类的组织，主要鼓励以色列人在出国旅行的同时从事志愿活动。

在所有战友协会中，最具组织力和影响力的还属 8200 战友会。随着国防军 8200 情报部队的退伍军人在当地的科技和投资领域崭露头角，国防军 8200 情报部队的名号逐渐广为人知。与其他退伍军人相比，曾在国防军 8200 情报部队服役的军人能够在职场中更好地利用其军事资本。

8200 战友会成立于 1989 年，与大部分战友会一样，其最初宗旨是传承部队的优良传统。如今，8200 战友会已经拥有超过 1.6 万名成员，其活动范围涵盖了以色列社会的各个行业领域。

8200 战友会的背后有着无数关于蜕变的故事。以色列的行业领袖之一尼尔·莱珀特就是其中一个故事的主人公，他是以色列的业界知名人士，也是主导变革的先锋。

尼尔目前担任以电子监控技术闻名的 Mer 集团的 CEO。在指导企业如何扭亏为盈方面，他是当之无愧的专家。在加入 Mer 集团以前，尼尔是以色列电视台十频道的 CEO，任职期间，他指导十频道顺利度过了无数危机。更早些时候，他曾是以色列多频道电视台 Yes 的执行副总裁。随后，他在 Zap 集团（前身为以色列知名的黄页网站）工作了将近 10 年，并一直担任 CEO 职位。尼尔用了将近

7 年的时间带领公司实现了从纸质印刷到数字化的转变，并从根本上解决了人员冗余的问题。在同一家公司待上 10 年似乎不像是尼尔这种变革先驱的风格，但从他的经历来看，他在 10 年前加入的公司与 10 年后离开时的公司已经大相径庭了。

除了敏锐的商业头脑，忠诚也是尼尔最为突出的品质之一。他为以色列国防军 8200 情报部队付出了 22 年的青春，其间担任了各种职务，最终以上校的身份退伍。退伍后，他与国防军 8200 情报部队的缘分也并未就此终结。目前，尼尔是 8200 战友会的主席，专注于推广有助于人们提升创业技能和创业思维的计划。

据尼尔回忆，他从 2006 年开始担任 8200 战友会的主席，同年，战友会开始大刀阔斧地扩大规模。"我们不仅关注部队传统的传承，也开始逐渐发展和拓宽战友会网络，以方便战友会在更广的领域开展活动。"成员数量是最能直观体现战友会成功与否的指标。尼尔表示："自成立以来，我们的成员总数从几百号人迅速扩大至几万人。现在还有很多志愿者，他们也在各种活动和项目中发挥着积极作用。"

尼尔解释道："我们的想法是尽量充分利用 8200 战友会的人脉网络、知识经验以及国防军 8200 情报部队的响亮名号，力图通过这种方式将战友会的概念和形式引入以色列社会。我们已经组织了大量活动和项目，目前还有五个项目正在运营当中。这些项目由战友会的成员负责管理和执行，但项目面向所有人，而非仅限于国防军8200情报部队军人，因此可以覆盖尽可能广的人群。事实上，这些项目的大部分参与者都没有在国防军8200情报部队服役的经历。

"我们希望为还处于概念阶段的创业者提供必要帮助。其实概念和想法相对没有那么重要，我们更关注的是创业的人。在实践过程中，我们的主要工作就是使不同人群建立联系，比如我们会联系讲师，分享案例，将战友会的人脉网络与外界联系起来。最终的结果就是，我们成功连接了未在国防军8200情报部队服役的人士和8200情报部队的退伍军人，两者的结合就形成一个更大的新社区。"

2010年，我放弃了在一家科技公司的法律顾问职位，正式开始了创业之旅。我的首次尝试是代表8200战友会开启的8200创业创新计划。当时的目标是利用已有的8200战友网络，为不同背景的初次创业者提供帮助。我们参考了国防军8200情报部队的核心价值观和选拔方法来筛选极具潜力的早期创业者，为他们联系国防军8200情报部队的战友网络，也向他们引荐其他同行。截至目前，该计划已经成功培育了100多家初创企业和科技公司，而他们又共同成立了8200 EISP项目。至此，隶属8200战友会的一个内部项目已经拓展为一个独立的人脉网。

在以色列，军队中建立的联系和人脉往往会延伸至民间社会。例如，尼尔负责的8200战友会就牵头启动了一个专门面向阿拉伯和德鲁兹裔创业者的项目。尼尔表示："这些群体面临两大问题。

首先，他们大多生活在偏远地区。其次，他们又是少数群体。受到条件的限制，他们很多人甚至不在常规的社交网络中，另外，由于这两个群体很少有人在国防军 8200 情报部队服役，8200 的战友网络对他们而言更是遥不可及。我们目前在做的就是帮助他们进入科技生态系统。Hybrid 是我们正在讨论的一个项目，它相当于一个加速器，在几个月的时间内帮助创业者与更多有经验的企业家和公司进行案例研究。我们还有一个专门面向女性的项目，大概有 30 名成员参加，大部分都是国防军 8200 情报部队的退伍女军人，由她们担任其他年轻成员（非国防军 8200 情报部队成员）的导师，然后为这些处于人生十字路口的女性指明道路。"

8200 战友会完美展现了基层工作的高效性，这在以色列也是非常普遍的形式。尼尔曾解释道："战友会没有所谓的正式机制，没有下达命令的经理，也没有办公室。这里的一切都是虚拟的。我扮演的主席角色也是为了更好地推进各个项目，我的职责就是统筹协调。我们能确保划拨资金百分之百地到达需求方，这一点我们尤为自豪。大大小小的事务全部由退伍军人来管理和执行。"

第十三章　应对变化的扁平化管理

谁说了算？

在环境的压力下，个人或系统常常不得不改变自己适应环境，最终导致消极或积极的结果。有幸的是，以色列国防军中的约束收到了积极的效果，这些约束逐渐变为协议，然后演变为部队中的整体态度、文化和理念。人手不足一直是以色列国防军面临的一大挑战。如前面几章所述，部队人员每3—5年就要更替一次，因此部队无法过度依赖高级指挥官。由于以色列资源有限，美国采用的征兵和军官培养机制也无法照搬到以色列。总而言之，以色列目前形成的机制就是最大限度善用已有资源的结果，而事实证明，这样的机制也能运转得很好。

同其他国家的军队相比，以色列国防军中的高级职位非常少，绝大多数都是职业军人。每年，入伍新兵必须通过培训才能担任各个不同职位。正如我在前文分享的那样，要成为军官就必须通过培训，除此之外没有任何捷径。大部分军官都是从部队中提拔上来的，完成培训后再回到部队继续服役，他们的资历也并不比同期新兵高出多少。因此，每个以色列军官都是从普通士兵做起。这样的安排有一大好处，它体现了部队的一视同仁，也即所有人入伍的时候都是普通士兵，随后才有机会晋升。

这些因素进一步造就了以色列国防军的独特扁平模式。由于军官往往会回到曾经服役的部队，指挥过去熟识的一起参与选拔和培训的士兵，所以以色列国防军中的指挥官也不会得到区别对待，因为他早就和其他士兵打成一片了。不过这并不会影响纪律，而是产生了一种独特文化——指挥官凭实力赢得士兵的尊重，因为指挥官曾与其他士兵共同受训、并肩作战，他已经用出色的表现证明了自己成为军官的特质。路易斯·威廉姆斯认为，无论是士兵、中士、排长还是参谋长，他们的起跑线都是一样的，而且以色列国防军非常善于使不同背景的成员团结一致，所以在大家的眼中，军衔纯粹是对个人能力的认可。他还补充道："获得了军官或者其他军衔以后，大家还是穿着同样的制服，吃一样的食物。在日常排队和实战中，大家还是吃在一样的食堂，住在一样的营房。"

责任下放是这种扁平管理文化的另外一大特点。军事历史学家爱德华·卢特瓦克的观点是："以色列国防军刻意限制了高级军官的人数，因此发号施令的军官极少，进而给予了普通士兵更多的空间来发挥主观能动性。"

市场化的军队

以色列有一首广为流传的民歌——《贝都因恋歌》，它讲述了一个关于流浪的故事。歌里吟唱的流浪者总是随着沙漠中的沙子被吹走，然后留下一顶孤零零的帐篷。这首动听的民歌让我联想到今天的"流浪者"——那些在全球各地四处漂泊的世界公民。

时间倒回至1970年，纳达夫·扎弗里尔出生在基里亚特·阿纳维姆基布兹的一个萨布拉家庭。他从2岁就开始了四处漂泊的生活。扎弗里尔一家先是从基布兹搬到了莫沙夫[*]，由于纳达夫的父亲过去是一名奶农，父亲的职业也在很多方面影响着纳达夫。他的童年回忆充斥着喂牛和浇灌橘子园的场景，而早期的记忆也包括一家人逃亡避难所的经历。当时他的父亲在慌乱中穿上军装，母亲则牢牢地抱住一个老式晶体管收音机——收音机里播报着当时爆发的赎罪日战争的消息，这是他们一家在避难所唯一的信息来源。

由于父亲工作调动的关系，纳达夫在7岁的时候随父母搬到了多米尼加共和国。这是为了响应当时以色列外交部支援发展中国家的计划，纳达夫的父亲在多米尼加开办了一家乳制品合作社。当时，纳达夫在一所美国学校念了三年书，随后又随家人搬回了以色

---

[*] 莫沙夫（Moshav），以色列最流行的农业社区模式，是另一种集体社区，虽然基布兹和莫沙夫同为以色列的定居社区，但两者在过去存在着巨大的文化差异。

列，不过还没待上几年，纳达夫的父亲又去厄瓜多尔的基多开了一家香肠厂，于是一家人又从以色列搬走了。一直到纳达夫 18 岁那年，他才回到以色列入伍服役。

四处漂泊的日子并不轻松，纳达夫必须不断适应新的环境，不断结交新的朋友，但在跟朋友熟络以后又因为相隔太远而不断地失去联系。人在过往经历中学着接受重新开始，而纳达夫则有着太多重新开始的经历，他为此付出了代价，也收获颇多。

有关纳达夫服役经历的具体内容，我无法完全披露。但可以确定的是，他曾在伞兵部队、特种作战部队、技术部队服役，最后进入了国防军 8200 情报部队，随后在 8200 情报部队建立了以色列国防军网络指挥部并担任准将。在开展如此多样的军旅生活的同时，纳达夫还要作为高级军官处理错综复杂的关系网等一系列繁杂事务，这绝非易事。我想，也许正是纳达夫过去不断适应新环境、新文化、新人群和新挑战的经历使他成为一名出色的部队军官、领导者和企业家。

作为企业家，纳达夫在 Team 8 担任 CEO 的那段时间就是他职业生涯中最浓墨重彩的一笔。Team 8 是纳达夫于 2013 年与朋友共同创立的集智囊团和风险创业公司于一体的组织，该公司的主要业务即应对来自大数据、机器学习和网络安全等领域的挑战。纳达夫应对网络攻击的理念就是捷足先登以打败对手：汇集一切资源来打造一家公司，使其尽快市场化和规模化，接着再建立新的公司，不断激发新的想法，既要避免以常识和最佳实践为准绳，也要避免固执己见，从而迫使自己在这场永恒的"学习竞赛"中永远比对手抢先一步。

这就是不断打败对手并一直走在市场前沿的方法。截至目前，Team 8 已经衍生出了 Illusive Networks、Claroty、Sygnia、Hysolate 和 Portshift 等潜力无限的优质网络安全公司。目前，Team 8 把重心放在了安全数据驱动转型上，并于最近创办了一家名为 Duality Technologies 的公司，该公司的创始人包括麻省理工学院的教授和高数领域的先驱专家。

纳达夫是多个网络顾问委员会的成员，也是以色列学界、商界和军界广泛认可的网络安全领域的权威。

纳达夫认为，日益突出的复杂性和变革速度将为管理模式带来挑战。过去层层下发的管理模式注定会被时代淘汰，更为松散、扁平、灵活的模式将取而代之。当今世界正在飞速变化，在一体化的管理模式下很难取得重大进展。所谓的复杂性不仅来自技术，也来自制造、营销和销售。在这样的环境下，我们应当建立一个接受批评、数据透明、决策透明并且不断寻找备选方案的系统。他表示："不管是在军事环境下，还是商业世界中，层层递进的等级式管理都是在浪费时间，我们真正需要的是一个不受等级束缚的沟通渠道。"

这里要强调的是，以色列国防军不是没有层级之分，而是采用了不同于其他等级制组织（不管是军事组织还是民间组织）的方法。纳达夫解释道："以色列国防军有一种上下级之间的共商机制。虽然有一个严格的命令传达链条，但上下级之间并没有因此脱离开来，所以形成了一种扁平化、分散式的决策过程。"正如前文所述，这种方法确保了普通基层士兵的参与度，至少也能让他们了解战略层面的规划。在时间紧迫的情况下，有时命令的传达可能无法覆盖整个链条，但在这种扁平、分散的机制下，士兵就能了解任务执行的大背景和主要目标，从而落实到行动中。

纳达夫回忆道："大卫·本–古理安（以色列首任总理）曾说：每个士兵都应该把自己视为手握参谋长权力的人。当然了，这种结构也有它的问题。首先一点就是很容易造成混乱，而且经常很难控制事情的发展方向。不过这也是为了平衡秩序和灵活性而做出的必要取舍，传统的等级结构永远无法实现这种程度的平衡。"

过去的军旅生涯也给了纳达夫一些关于公司结构的启示。他表示："我们是一个致力于搭建平台的公司。一方面，初创企业的灵活性是我们的主要助推力；另一方面，我们深入研究的能力和建设公司的方法又需要高度的结构性和纪律。要在复杂的环境中持续发展壮大，就要在混乱和有序的状态之间不断切换。"有时候要讲上下层级，有时候层级制度又会成为阻碍；有时候需要更多自由，有时候又需要别人指明方向。混乱当中容易出现疏漏，但严格的秩序又会阻碍进步。纳达夫相信："人们总是在混乱的边缘发现伟大创新，因为'巴拉干'（混乱）能让人的思维活泛起来。"

领导力更像是一门艺术，在构建它的过程中，灵活性和新鲜感与认知程度和组织结构具有同等重要性。纳达夫表示："我跟合作伙伴之间绝对没有所谓的层级，但这不影响每个人有自己的头衔、职责和擅长领域，这两点并不冲突。"他解释道："管理责任必须是透明的，也必须是由所有人共同承担的，这才是关键。每个人都能在自己擅长的领域发挥专长，做出贡献。"

近年来，纳达夫周游于世界各地，与各国企业家、高管和数以千计的听众分享有关如何适应复杂环境的见解。他满怀热忱地四处奔走，致力于在以色列创新内核和技术专长与全球商界、政界、医学界和学术界先锋人物之间搭起桥梁。在谈到全球重大议题时，纳达夫认为，"这需要整个地球村一起努力"。作为一个天生的全球公民，纳达夫完全有能力在全球性事业中做出突出贡献。

亚吉尔·利维是以色列开放大学的副教授，他认为，不管是在军事组织中，还是民间组织中，扁平化结构都有助于减少管理层次，从而节省成本。更重要的是，扁平化结构有助于加快"上下级之间和平级之间的信息流动，也能驱使大家提供更为详细和及时的信息。这种模式可以刺激基层的普通士兵发挥主动性，从而使整个部队在面临突发事件时做出迅速反应"。

以色列国防军多年来的实践做法逐渐被推广至他国军队。在利维看来，如今的网络化战争形态就是扁平化模式的一种体现。

扁平化组织结构

在商业语境下，扁平化组织结构就是像纳达夫在其公司实施的那种模式，在这种模式下，公司员工和高管之间没有层层递进的复杂结构。员工可以轻松联系到公司高管，而无须费力打通各种渠道。由于扁平化组织结构放宽了各种报告的形式和方式，其内部的报告数量反而多于采用其他模式的公司，决策速度也更快。

扁平化组织结构能够调动个人参与公司决策的积极性，权力下放也能给员工更多动力。从公司的角度来看，这有助于激发创造性讨论和公司运营的多样性，也能增加员工对不同想法和意见的包容度。为基层员工赋能并适当减少中层管理岗位，这样有助于形成更加高效的反馈机制。

对扁平化组织结构持谨慎态度的人通常认为，层级制度是一个组织成功运转的关键因素。在他们看来，商店销售等一线工作人员比不上高层做决策的人。也就是说，他们认为，那些每天在现场工作、做出决定、与顾客面对面沟通并游说顾客的人反而不如那些远离现场的企划者。这其实是一种误解，如今很多企业的成功恰恰要归功于扁平化组织结构。

就拿热门内容管理系统 WordPress 来举例，它是 Automattic 公司旗下的产品，该公司采用的就是高度自主的扁平化管理结构。目前，全球有大约20%的网站都在使用 WordPress，但出人意料的是，

Automattic 公司总共只有几百名员工，而且全部采用远程工作的形式。此外，旗下拥有专有软件且开发了《传送门》和《半条命》等热门游戏的制造开发商维尔福（Valve）也是业界闻名的没有老板的公司。

全球知名的戈尔公司也采用了扁平化组织结构。公司旗下共有1万多名员工，但整个公司只有三个层级——CEO、高层领导和员工。公司上下的所有决策全部由8—12人的小组做出，小组全权负责从招聘、付款到项目实施等各个环节。戈尔公司的 CEO——特里·凯利也是由公司员工民主推选的。特里曾对《哈佛商业评论》的蒂姆·卡斯特勒表示，传统的指挥控制方式已经过时了，"更好的方法是依靠广泛的群众基础和领导基础，他们必须持有共同的价值观，富有主人翁精神，从而将公司成败视为己任。那些兢兢业业并拥有一定权力的员工比占支配地位的单一领导人或多级结构更能发挥监督作用"。

贾森·弗里德是网络应用公司 37signals 的联合创始人兼 CEO，他在一篇文章中称："37signals 一直采用扁平化的组织结构，这也是我们的核心价值观之一。虽然公司有八名程序员，但我们没有设置首席技术官的职位。虽然有五名设计师，但也没有创意总监的职位。客户支持团队中有五名成员，其中没有产生客户支持经理。我们绝不为不做实事的人设岗。"

确实，我们这里只需要实干家，实际的工作和目标才是重点，这一点对军队行动和商业活动都适用。

扁平化的组织结构尤其适用于多变的环境，由多个自主团队组建并有着共同目标的公司比那些严格遵循等级结构的公司具有更高的灵活性和适应性。营销专家克里斯蒂·拉科奇补充道，扁平化的组织结构也有利于增强协调和改善沟通。这一点显而易见，"部门少了，自然有利于信息流动。中间层级少了，高管也就更容易接近中下层人员，信息传达的效率自然就高了"。高效沟通理顺了那些原本充满官僚主义的流程，从而缩短了决策时间。此外，"由于沟通过程简化了，扁平化的组织结构更有利于公司的战略实施"。这需要在组织内部保持透明度，从而使中下层人员了解业务模式并拥有战略思维。

这种做法可以产生意想不到的效果。例如，对于1967年的"六日战争"（第三次中东战争），帕斯卡尔·伊曼纽尔·戈布里是这样表述的：以色列国防军当时没有入侵西奈半岛的作战计划，但是"在拿下了重要门户城市埃尔阿里什以后……以色列国防军长驱直入，直到抵达苏伊士运河。这一切不是执行谁的命令，他们也没有停下来等候中央指挥部的指示，而是根据地方指挥官共同提议的计划执行任务，即完成最初的目标后继续前进"。

第十四章　即兴发挥的公司文化

欢迎入伍！入伍后，你首先会收到部队发放的头盔、军服、指南针、急救包和步枪等基本军事装备。拿到装备以后，你会产生改造这些物品的念头吗？还是说，你会欣然接受它们本来的样子，因为你坚信最初的设计必有其原理，无须冒着风险去做出改变？在你看来，以色列人会怎么选呢？

其实，从入伍的那一刻起，以色列士兵就会试着改造自己的军服和装备，不仅仅是为了提升功能性，也是为了在这些物品上留下他们独特的个人标记。关于改造，希伯来语中也有个特别的词语——shiftzur（意译为"改造"），它的词根是 sh.p.tz，也就是翻新、改造、改进的意思。在日常实践中，"改造"表示在现有物品的基础上做出改进以满足个人需要或体现个人偏好和风格。

"改造"是以色列国防军中的普遍现象。在"改造"方面表现最佳的士兵总是受到同期士兵甚至指挥官的表扬和模仿。士兵们进行改造的对象往往是头盔、背心和武器，不过一般都是从子弹盒开始改造：用绳子把子弹盒和武器绑在一起，再用绝缘胶裹一圈，这样就能确保子弹盒的稳固和干燥了。

有些改动是按照军官命令采取的行动，另一些则是出于个人展示的目的——让装备和军服变得更酷，更具有个人特色。例如，士兵们经常绣上自己所在部队的徽章，然后贴在个人装备上。在以色列士兵的头盔、武器甚至放假带回家的袋子上，我们经常能发现这种自制徽章。

其他国家的军队可能也会存在改造物品的现象，但一定是在少数情况下，而且不是军队推崇的做法。这背后可能存在几个因素。首先，像美国等国家的军队装备已经具备了相当高的质量，几乎已经不需要调整。其次，独特性和创造性也不是军队普遍信奉的价值观。不过以色列国防军的情况不同，军队从士兵入伍第一天开始就鼓励他们改造自己的个人装备，一方面是出于必要，另一方面也能使士兵更好地展现自我，体现部队荣誉感。

有的部队甚至干脆就是为了"改造"而生，其职能就是改造物品。为了优化部队作战军人的装备，特种部队的退伍军人诺姆·莎伦就曾和几个战友一起在缝纫车间工作。"'改造'的目的可能是优化装备以满足特定行动，也可能是满足士兵的个人需求。"她解释道，"比如，有的士兵就会来到车间，要求我们对其身着的背心做一些调整。我们向来欢迎士兵过来提出自己的需求和困难，他们会尽量具体地描述问题，比如要在 2 秒之内取回什么，或者某样东西跟另外一样不适配。根据他们提出的问题，我们将有针对性地对相应装备进行改造。当然，我们不仅面向士兵个人，也经常和部队军官一起讨论各个行动以及行动所需的装备，有可能是在现有设备的基础上做出调整，也可能是重新设计并制造某种装备。

"这个岗位有意思的地方就在于，我们可以拥有自己的独立思想并采取行动。我们当中有一个人专门负责采购，这包括从列出购物清单到与供应商谈判等一系列环节。自然，这些流程会有相应的监督和跟进，但整个过程由我们全权负责。我们可以尽情发挥自己的创造力和想象力，这是非常难得的部队经历，我们从中收获颇多。"

补充一句，诺姆当时只有 19 岁，在设计制造方面也没什么经验。可以说，她基本算是边做边学，在日常工作中学到了一切。

乌里·韦因赫伯博士是风投公司 Cathay Innovation 的合伙人，也是 TheTime 投资集团的前管理合伙人兼 CEO。在他看来，"改造"体现了以色列文化，尤其是以色列国防军所固有的创造力。他说："这就是以色列人的不同之处。从某种程度上来说，国防军就是以色列社会文化的缩影。'改造'体现了这种文化的一个层面。这是在以色列广泛存在的现象，人们观察现实情况，然后不断去适应和改善现状。以色列人向来拒绝维持现状，相反，他们总是想办法做出改进。这种做法不是为了改变而改变，而是为了实现更好的效果。在很多情况下，人们常常灵光一闪就想出了改进方法。"

乌里的职业生涯将这种不断改进的理念体现得淋漓尽致。从一名作战步兵到军官再到第一指挥官再到预备役某精锐作战部队的创始人，乌里一路摸爬滚打，在部队经历了实打实的锻炼。他曾带领部队士兵多次参与了重要行动和战争，最近几年再次加入预备役并在前线作战部队中担任上校。乌里的另一个身份是学者，他的研究领域是科学、技术和社会之间的相互作用关系。在乌里的博士论文中，他主要论述了互联网领域的冲突，以及这些冲突将如何激发新技术和创新产品。乌里表示："冲突也能激发改进和创新。"

20世纪90年代初的时候，乌里是一名产品经理，这也是他从事的第一份与科技相关的工作。在对创新解决方案和颠覆性技术的热情驱动下，乌里一步一步从产品经理做到产品副总裁，再到初创公司的创始人兼CEO、风险投资人……他主导了数十项针对以色列初创企业的投资，这些公司几乎全部大获成功。乌里曾经表示："一些从业者喜欢从技术角度来分析一家公司是否值得投资，他们大多有工程师的背景。另一些人主要从金融角度考虑投资，他们主要是金融行业或者持有MBA的人士。我个人喜欢从解决问题的角度来了解一家初创公司。"他说："我以前在部队担任作战指挥官的时候就这样思考问题，我认为这种方法也适用于投资界和学术研究。我习惯了基于现有资源去发现当前或未来的问题，这样才能发散思维，从用户的角度出发，从而提出创造性的解决方案。"

乌里喜欢这种通过各种方法不断追求改进的环境——根据现有的资源发挥创作就是最佳战略。"以色列，尤其是以色列国防军，提供了一个创作平台。自由的临时创作是我们国家的形势需要，也是固有文化的一部分。这不是一种固定公式或方法，而是在现实必要情况下产生的概念，所以更多地和以色列文化相关。就像在企业里面，临时的发挥创作往往是出于必要。"

"改造"也常常源自用户的声音。乌里认为，设备、系统和协议的改进永远是自下而上的过程，所以才会如此高效。需求来自市场，也即来自用户本身。所以，"改造"其实是以色列国防军提高"产品市场契合度"的一个环节。在乌里看来，"军事装备就像是用户使用后再退还给制造商进行必要改进的产品，改进以后再重新发给用户"。当然，这里的军事装备只是打个比方来反映整个流程，它也可以是任何类型的产品、服务或方法。

案例：以色列空军

优化"产品市场契合度"是以色列国防军长期以来的追求，这背后的助推力也少不了国防军从错误中吸取教训的能力，以色列空军就是最好的例证。

在其有关六日战争的著作《狮子门》（*The Lion's Gate*）中，美国著名历史小说家和剧作家史蒂文·普莱斯菲尔德写道："以色列空军有一种直言不讳甚至可以说是毫不留情的汇报文化。每天训练结束后，空军中队都会在简报室开会。中队队长兰站在最前面，细数包括他自己在内的所有人当天犯下的每一个错误。他毫无保留地进行自我批评，然后其他人再以同样坦诚的态度进行反思。如果确实搞砸了，就必须承认自己的错误，然后再对症下药。在这种情况下讲求自我毫无意义。提高和进步才是硬道理。"

在美国，任务汇报一般在完成军事行动后的一周内进行。在这期间，军人们得以调整身心、整理思绪。汇报通常是由部队领导来主导，参与行动的各级士兵也可自由参会。汇报小组通常有10名组员。根据普莱斯菲尔德的描述，"汇报人"都是"受过培训，了解社区资源（方便进行必要推荐）并且擅长应对压力"的人。汇报人或者主管汇报的人被视为专家，为了确保立场中立，他们往往是来自部队外部的人士。

以色列国防军的汇报文化与美军大相径庭，在这方面，以色列空军尤为突出。

首先，在以色列国防军的汇报会上，汇报人是亲身参与演习或行动的士兵，有时也会有指挥官的参与。这些汇报会不像美军的那样涉及任何外部专家，而是只在单位内部组织吸取经验教训。所有士兵，不论表现好坏，都必须进行自我批评，从而发现和反思自己犯下的错误，并从中吸取教训。

其次，美国和以色列军方对保密性也持不同态度。从美国的汇报文件中就能看出端倪："在场人士需对汇报内容保密，确保相关内容不会在随后对任何士兵造成困扰，以及……这些信息的目的不是甩锅给某个人。汇报信息不会传达至指挥系统。"

与美国截然相反的是，共享汇报结论是以色列国防军的惯例，大家也不认为共享信息会对士兵造成任何羞辱或困扰。相反，如果发生重大意外事件，反而更应该与其他人分享结论和后果，这样才能使所有人从中吸取教训。

除了从错误中吸取教训，以色列国防军的汇报文化也是植根于创造和资源优化的理念。只有通过内部剖析才能真正理解这种文化的根源和机制。

希伯来词语"杜格里"（音译自"Dugri"）最能表达这种文化的精髓，人们用这个词来形容一种实事求是的品质。"杜格里"是一种坦率表达真实想法的方式，即使表达的内容令人不快也不做任何矫饰。

以色列军队中的每次汇报都围绕着"实事求是"展开，力图全面清晰地呈现事实原貌。现在我们设想一个情景，比如你在重要的公司会议上做汇报，结果效果没有达到预期，进展不顺利。你回到自己的办公室，这时，业务相关的同事都来问你"汇报得怎么样"，你会如何作答？

我想，很多人会倾向于描述自己当下的感觉，回答"糟透了"或者"不怎么样"。不过你也可以试着反问自己："明天能在哪些方面有所提高？怎样才能达到理想效果？"面对类似的问题，"糟透了"这个回答没有任何意义。

在汇报过程中，以色列空军总是提出以下三个问题来进行分析和总结："出现了什么情况？""为什么出现这种情况？""下次遇到同样的情况又该怎么做？"

提出这些问题有助于重新梳理事件过程，这是一次学习反思的机会，而不是为了使人感到挫败。经过梳理之后，你的回答就会变得很具体："我不够敏捷，也没有做到我想象中的那么有条理。感觉打不起精神，因为当天凌晨两点才睡，应该睡够七个小时的。"当然，你可以选择"糟透了"这种表达情绪的措辞，这也许可以帮你走出坏情绪，但不会为明天带来任何改变。"杜格里"，即实事求是的态度，可以帮助人们从情绪当中跳脱出来，从而专心回顾从中吸取的教训。

这就是以色列国防军要求所有人在汇报中关注事实的原因。不熟悉汇报流程的新兵可能会做出以下错误示范：发生了什么情况？——搞砸了，没做好。什么原因导致的？——不知道。下次该怎么处理？——绝不再犯。如您所见，这些回答既没有事实，也没有未来改进的行动计划，这就是没有做到实事求是的结果，士兵错把重点放在了情感而不是行为上，所以也没有衍生出任何行动计划。

推卸责任、甩锅给其他人也是人们在分析问题时常犯的错误。假设飞机在逆风条件下降落时偏离了跑道，飞行员可以说明事实情况，但如果用"遇到逆风"来回答"为什么会偏离跑道"的问题，那就是在逃避责任。完整的回答应该是："飞机遇到逆风，我没能很好地校正方向。"

事后吸取教训的最佳方法就是反问自己：如果再遇到同样的情形，我该采取什么不同的做法？这一点看似简单，却非常关键。如果一个人想要逃避责任，就总能找到理由。

当然，也有吸取错误教训的情况，这也是一种常见的错误。如果从自行车上摔下来了，有人吸取的错误教训可能是"我没法儿骑自行车"，或者"我骑车总是摔倒，以后就不要骑车了"。这样的教训无法带来提高，只会让人过早地停止学习。

所以最好反问自己以下问题："这次教训能帮我达到目标吗？"以及"其他人会在相同情况下吸取同样的教训吗？"比如，如果骑车跌倒的原因是盯着自行车前轮而没有看前面的路，那我完全可以跟别人分享这个从摔倒中吸取的教训：骑车一定要看前面的路，可以偶尔看一下前轮，但必须很快把视线转到前面的路上。

上述反思过程不仅在出现问题时有用，也适用于事情进展顺利的情况。比如，如果成效很好，就可以问："是哪些方面做得很好？"然后总结出一套可以复制的行动计划。这不仅有助于提振士气，也能保障下一次的成功，毕竟第一次做对了不代表下一次还能延续同样的成功。实打实地总结和体会有利于下一次继续实现目标，也能帮到其他人。

因此，每次以色列空军任务都以机组人员汇报作为收尾。每个中队都有一名军官专门负责记录从本次任务中吸取的经验教训，此外还有一个将汇报总结备案并公布的系统，最终受益的不只是该中队的飞行员，也能惠及其他中队驾驶同一机型的飞行员，甚至全体空军。以色列空军有句广为流传的话：从别人的错误中吸取教训总比自己犯错要好。

只有在自身错误和别人犯下的错误中不断学习，才能适应以色列空军身处的变化环境。以色列空军好比一家时刻面临新挑战的科技初创企业，整个组织都无法承担忽视经验教训所引起的代价。为了做好这一点，部队的每个成员都必须做好创造发挥并解决问题的准备，同时也要不断学习、分享正面或负面的经验教训。

即兴发挥，跨界思维

可能有人认为，临场创作发挥就是行动毫无计划、缺乏协调甚至执行不到位的表现。这种观点是站不住脚的，因为我所说的这种临时创作发挥实际上有很高的要求，它考验着一个人经过不断打磨的高超技能、敏捷灵活的思维、知识储备和数据分析能力等一系列特质。

表示临场发挥的英语单词"improvise"源自一个表示开始着手计划的拉丁语动词"provus"。希伯来语单词"伊尔图尔"（音译自"Iltur"）也表示临场发挥的意思，这个词衍生于一个表示"立刻马上"的单词"lealtar"。英语单词"improvise"有点措手不及的意味，希伯来语单词"伊尔图尔"则更强调时间的紧迫性。在以色列人看来，"伊尔图尔"是一种适应环境并迅速有效地解决问题的能力。当你处于像以色列这样资源有限的环境中时，你只能灵活运用手头的资源。渐渐地，人们开始减少对资源的依赖性，这样即使在资源短缺的情况下也不会受到太大影响。可以这么说，以色列人所理解的"伊尔图尔"不是说要突然应对意料之外的情况，而是适应环境并根据具体情况做出调整，不能死板地依赖一个计划。

在戏剧和爵士音乐等艺术表演领域，演员和演奏者无法提前规划好一切，所以临场发挥常常是关键所在。著有《组织变革与设计》（*Organizational Change and Design*）一书的作者乔治·胡伯和威廉·格利克写道："在涉及一群即兴演奏者的表演中……在合理范围内维持尽可能低的一致性，个人才能保有对不一致的地方进行调整的能力……所以人们不仅能作为集体完成自己无法独自完成的事情，还能依靠多样化的能力来单独处理意外问题。"

刚刚好的情境、技巧以及眼神和肢体沟通才能顺利完成即兴发挥。如果没有形成有效的沟通机制，演员就无法朝着一个方向努力，也无法实现顺畅的协调合作。同样地，如果不掌握技能，演员也无法在任意情形下开始表演。如果没有设置特定情境，演员就无法了解情况，也无从得知应该作何反应。胡伯和格利克还强调，即兴发挥不会给人多少思考时间。"越是具有即兴发挥性的行为，思考和行动之间的时间间隔就越短，比如创作和表演、设计和制作以及想法和实施。"

从某种意义上来说，我们每天进行的每段对话都是即兴发挥。吉尔伯特·莱尔在一篇关于即兴创作的文章中写道："在思索目前的处境时，即兴创作者既要使自己适应于当下这个独一无二的情景，又要同时运用过去吸取的经验教训。创作者的反应中既包含了临场性，又体现了过去积累的专长，就是在未知机会、障碍或危险中发挥习得能力。"

美国组织理论学家卡尔·维克总结了擅长即兴发挥的群体的特点：

1. 愿意放弃先行规划和排练，选择实时表演；2. 充分了解内部资源和现有资料；3. 在没有大方向指引和反馈的情况下依然表现专业；4. 善于发现或同意一些微小调整；5. 愿意改变或打破常规；6. 提出丰富且具有建设性的主题、片段或话语为当前行动提供参考；7. 愿意承认过往经验与展现创新的部分相关性；8. 处理突发事件的高度自信；9. 展现了同等程度的即时行动力；10. 善于观察他人表现，并在此基础上做出改善以保持这种交流互动并带来更多可能性；11. 可以影响和保持他人即兴发挥的节奏；12. 关注当下，不受过往记忆和他人期望的干扰；13. 注重过程而非提前准备的精心计划。

以色列国防军遵循的原则以及以色列空军采取的汇报机制也

适用于初创企业和商业组织。我个人认为，各种规模的公司都能从即兴创作的公司文化中受益。即兴创作不仅是一种技能，也是快速学习的一种表现形式，这也是基于社会上广受支持的一种观点，即当人的经验造成行为或知识上的系统变化时，就表明从中学到了东西。在一项关于即兴创作的实地研究中，安妮·米纳、保拉·巴索夫和克里斯蒂娜·摩尔曼发现，即兴创作跟其他学习形式有着明显差异，因为即兴创作相对没有那么依赖过往经验来引起行为或知识上的改变。他们还强调，即兴创作的文化上升至团队甚至整个公司层面时才最为有效，例如，当一个团队在共同改进产品时，就不会有任何单独的个体站出来邀功，因为这倾注了所有人即兴创作的心血。

美国国家航空航天局（NASA）也常常根据实际情况来展开"创作"。1970年，"阿波罗13号"的宇航员在从月球返回地球大气层的途中遇到了飞船过热的情况，这样的现实问题促使NASA的工程师团队研发了一种通过散热、反射和吸收来防止出现过热的铝质隔热板。

不久后，NASA研发的隔热技术也被用于私人住宅。众所周知，NASA于1962年发射的卫星最初是为了使欧美两地的观众共享彼此的电视节目。如今，当时的卫星也被用于为人类提供天气播报、导航、实时追踪货物、客机地理位置或者支持现代武装系统。除此之外，充电器、烟雾探测器、磁共振成像（MRI）、眼镜镜片涂层和假肢等都有其最初设计的目的，但随后也被推广至其他部门从而有了更加广泛的应用。

以色列也不乏类似的例子，我们常常看到很多出自某个特定行业的临时解决方案被推广至其他行业。例如，医疗科技公司 Given Imaging 生产制造了一种检查胃肠道疾病的可视化诊疗产品，它是一颗药片大小的微型相机，非常易于吞服，可用于拍摄整个胃肠道的情况。目前，这项技术已经被销售至 60 多个国家。不过，这家公司的起源远比它本身的成功更有意思。事实上，这种小药片式的医学相机是加比·伊丹博士在拉斐尔高科技防御系统导弹部门任职时产生的想法。而拉斐尔其实是以色列知名的国防科技公司，其主要工作是为以色列国防军研发武器和军事国防技术，也将相关装备出口至国外。

支持消费者虚拟试穿商品的购物软件 Zeekit 也有一定的军事渊源。雅尔·维泽尔在 32 岁那年与人共同创办了 Zeekit，雅尔也是首个负责主导以色列空军电信军官课程并培训作战和空中通信机组人员的女性。

Zeekit 运用复杂的深度图像处理技术来绘制用户的身体特征，从而展现某件时装在用户身上的试穿和合身效果。雅尔也是在服役期间产生了这个点子，当她在以色列空军执行情报任务时，她就和队友一起开发了用于拍摄 2D 照片并将其转换为 3D 图形的军事系统。

雅尔思索着如何开发算法技术的其他用途，首先就想到了在人体身上的应用，也即"人体测绘"。类似的创新在以色列还有很多，以至于涌现了一批公司来专门支持这种创新。早在1993年，前文提到的拉斐尔公司就与以色列科技巨头埃尔龙电子实业公司合作成立了一家名为拉斐尔发展集团的技术转让公司，该公司推动了医疗、卫生、航空、通信等多个行业的技术迭代。

如今，以色列已经成立了17家类似的技术转让公司，分别隶属于以色列的知名学府、研究机构和医院。民间、学界和军队之间的合作也不仅限于科技发明。从前面给出的Given Imaging等公司案例中可以发现，各个行业之间的方法、理论、思维和沟通是互通的。从导弹技术中延伸出来的想法也能应用于医学或其他行业，这一点非常了不起。无论是以色列的百姓、军人还是企业家，他们体现出来的这种跨学科、跨领域思维都使其想象力得到延展，最后往往能使毫不相关的领域产生联系。

第五阶段

革新

从旧物回收院的童年回忆到青春期乃至后来的服役阶段，我们可以说是一起目睹了以色列人的成长，这有助于我们更好地了解和类比初创企业从诞生想法，到提出解决方案、打入市场，再到建立规模化的高效商业组织的过程。

刚刚退役的年轻人就仿佛小有名气的成熟企业，他们仍然有很大的成长和学习空间。即便在他们已经掌握了不少技能的情况下，突然的环境变化仍旧会迫使他们进行自我重塑。跟过去相比，他们已经具备了一定的软硬资源、人脉网络以及各自领域的专长（如果想象力再丰富一点，这些专长甚至可能适用于其他领域）来拓宽视野并加强存在感。这个节点的自我重塑绝非易事，但不管是个人还是企业组织，我们都不能因此失去乐观和信心，而是要迎头接受新的挑战，走出舒适区，获得全新的视野。这种不断寻觅、不断挑战和冒险的态度足以区分优质的"长期绩优股"和短寿的"昙花一现股"。

第十五章　软技能比硬技能更重要

　　我在面试应聘者或者了解初创企业的创始团队时，总是会问一些他们意想不到的问题。专业经验、过往职位、具体成就、相关数据和指标……这些都是他们习惯了被面试官追问的问题，而我更关注其他方面，比如软技能。在如今这个时代，我们很难期待面试者在被问到软技能时就立马给出坦诚的答案。因此，我也有一套自己问问题的技巧。我会重点让他们描述事件过程而非简单地列出事实。比如，我不会询问他们过去担任的职位，而是换种提问方式，例如："如何定义自己在上一份工作中扮演的角色？"这样的问题能让我更好地了解他们对自己在公司的定位。

　　在这样的提问方式下，面试官不会得到诸如"我是首席财务官"一类的事实陈列，而是更为生动具体的回答，例如："我是为整个公司把关的人。"接着，在面试官"为什么"的追问之下，更加深刻的答案就会浮出水面，例如："公司 CEO 是风险偏好者，我得跟他之间形成一种平衡。"我通过这个回答就能了解他对自己这个职位的认知。或者面试者也有可能这样回答："首席财务官必须为公司把关，这是必要职责。"这就表明，这只是面试者对自己职位的理解。这时我就会开始留意，这个人是否具有足够灵活的思维来摆脱先入为主的局限。这些问题的答案比常规的衡量标准更能体现一个人未来成功与否。

近年来，各大公司和机构也逐渐认识到了这一点，他们对软技能的需求逐年上升。根据世界经济论坛发布的《未来就业报告》，"如今的就业市场及其看重的技能已经较十年前甚至五年前的情况有了明显变化，且今后这种变化的速度只会更快"。事实上，"到2020年，大多数职业所看重的三分之一以上的核心技能都是目前尚未受到广泛关注的技能。具体来说，同编程和机器操控等技术性技能相比，各个行业对个人说服力、情商和教导能力等社交技能的需求会更高"。

当然，这不是说科技行业的求职者不再需要掌握数学知识和编程技能，而是说仅仅拥有某种特殊技能或者只能在某个特殊环境下才能应用相关技能的求职者可能无法适应未来求职市场的变化。换句话说，我们可以丢掉某项工作所必需的某项特定技能，却不能丢掉快速学习不同技能并拓宽应用场景的认知能力。在某种程度上，这有点像是从执行任务的机器人变成具有高运算能力和多任务处理的系统。

活用你的人际网络

大家对前面提到的 Modu 公司还有印象吗？这是我曾经任职的一家以色列初创企业，虽然一开始显示出了巨大的潜力和无限前景，却最终走到了失败的结局。Modu 由连续创业的企业家多夫·莫兰建立。多夫曾在以色列海军担任工程师，职业生涯初期的两个关键职位是首席技术官和研发副总裁。他的过往经验和积累的人脉网络主要局限于闪存行业，但 Modu 却是一家电信行业的公司。多夫认识到了自己在电信领域较为局限的人脉网络，因此专门聘请了相关背景的公司高管（均为国防军 8200 情报部队的退伍军人，8200 情报部队长期为以色列电信领域输送大量人才）。事实证明，多夫的策略非常有效。短短几个月内，近 100 名软硬件工程师和专家相继加入 Modu，很多都是曾经并肩作战的部队战友和相互认识的熟人，整个入职流程非常顺利且高效。通过打通自己和公司首席技术官以及研发副总裁的人脉网络，多夫可以说是组建了以色列电信业内最优秀的一个团队。

虽然 Modu 这家公司没有获得成功，但它组建了新的人脉网络，公司的前员工在离开公司 9 年之后仍然活跃在国内外的相关领域，很多人抱团成立了几十家初创企业，创造了数亿美元的价值。我前段时间还见到了多夫，在一个周五早上。在过去 30 年里，多夫都保持着周五上午至少参加 5 场会议的习惯，这些会议大多与他的公司业务没有直接关系。我们来算一下：30 年的时间，每周五 5 场会议的频率，而每年至少有 30 个工作周，也就是说，多夫已经见了将近 5000 人。周五上午的会议又延伸出了各个社交网络和人际联系。多夫也可以借此机会去认识有趣的人。他说："我非常期待每周五上午的会议，我喜欢认识处于不同阶段的人，也很愿意参与各种项目和计划，大家可以一起分享不同的想法或者寻求他人的不同建议。"多夫是会议组织者，通过这个平台为他人提供咨询和帮助，却从来没有从中获取一分利益，即使是在其他人主动提出的情况下。他笑着说："我自己也从这些会议中受益良多。如果牵扯到了个人利益，这些会议就变了味道，也不再具有当初的吸引力，失去了最初组织会议的初衷。在不涉及任何金钱利益的情况下，所有人都是赢家，这就是愉快生活的秘诀。"

作为曾与多夫在一家公司密切共事的同事，我可以负责任地说，多夫"以人为本"的理念既是他本人坚守的原则，也是 Modu 公司的核心价值观。

本书讲述的创业故事一次又一次地证明，人与人之间的合作总是能产生令人欣喜的创造力。以色列人很少单独行动。从孩提时代起，他们就开始建立人际网络，在不知不觉中为创意想法的提出打下了基础。而与建立人际网络这个行为同样重要的是，你所拥有的人际网络在你把创业想法变成公司的过程中能展现其价值。也就是说，你所拥有的人际网络或将在很大程度上助你找到投资者、商业伙伴、匹配员工以及所需资源。一个没有可被查证的业绩记录的人就像是一家刚刚成立不久的初创企业，在这种情况下，人际网络就可以为你背书。在以色列，拓宽人际网络是政府、企业、教育机构和商业组织的工作重点之一，这种文化也鼓励着创业阶段的年轻人和成熟企业家去不断拓展和加深人际联系。

我在前文介绍了以色列的国防军战友会，由战友会延伸出来的8200 EISP 项目致力于帮助各个行业的早期或首次创业者，另外还有 Kamatech 和 Hybrid 等服务于小众创业者的加速器和社交团体。类似的还有一些作为联络平台帮助学生创业的学界组织，例如魏茨曼科学研究所 * 的学生创业俱乐部（WISe）。

在大多数情况下，我所说的人际网络都是自然而然地形成的，很多人都是因为学校、青年组织、部队和出国旅行而互相认识。以色列人通常表现出很强的社交能力，而且大家都很乐意互相引荐彼此的熟人或朋友，最好是能够因此帮到别人。如果你希望跟某个朋友的朋友建立联系或者找他帮忙，你大可直接开口询问你这位朋友而无须担心你们之间的交情够不够深厚，因为以色列人都非常愿意在朋友之间牵线搭桥。

由于每个人都在一定程度上依赖于自己的人际网络，所以以色列人总是积极地扩大社交圈。扩大社交圈的目的不一定是建立亲密

---

* 魏茨曼科学研究所是世界领先的多学科研究中心之一，2011 年被《科学》杂志评为非美国院校中从事学术界工作的最佳地方。

友谊（但最终可能产生这样的结果），而是尽可能多地认识和接触其他人，他们很有可能是将来再次遇到的人。

以色列人的社交圈子往往基于一段印象深刻的共同经历，例如在部队建立的战友情谊，这种友谊是非常坚固的，甚至不需要频繁地联系。在以色列，每个人互相之间都有或多或少的联系。两个互不认识的人可能发现他们都曾在曼谷的一家旅馆留宿，服役期间都在赫蒙山上熬过一个寒冬，加入过同一个青年组织，或者在同一条街上长大。这些共同点可以打破社会上的陈规和条条框框，从而在陌生人之间建立强有力的联系。当然，这不是说以色列人开展社交的活动和方法就比其他企业家高明，这里强调的是，以色列独有一套方法来建立和利用人际网络。

保持距离？

以色列人爱好结交朋友，如今密集的线上交流也丝毫没有减弱人们在现实生活中的实际联系。每次前往特拉维夫的罗斯柴尔德大道开会时，我都会预留出比实际会议多出一倍的时间，因为走一小段路的工夫就能碰到很多熟人，有时是认识的投资者、创业者或者公司高管，有时是儿时的朋友，碰上了就免不了一阵寒暄。

等候排队的以色列人往往是聚成一团而不是排得整整齐齐的一竖列。排队的人总是很容易就搭上话；用餐的人常常在桌位紧凑的餐厅里加入邻桌的交谈；医院候诊的患者经常问旁边的人一些或许被其他人视为隐私或不合时宜的问题；街上擦肩而过的陌生人可能专门停下来告诉你，你孩子的衣服穿反了，顺便提到他的孙子跟你孩子同岁，孩子们明天可以一起约着去公园。如果你在投资人、跨国公司或科技巨头落户的办公大楼里搭乘电梯，电梯里的人很有可能会问你来见谁，听完你的回答，这个人有可能会说："建议你也见下另一个人，个人觉得他更适合担任投资人。"

现实生活中人与人之间的亲近感满足了以色列人的互动需求，而在领土辽阔、现实互动较少的国家，这种需求往往被忽视。这是以色列人追求的一种生活方式，即使身在国外，以色列人也有各种办法来保持类似的互动。

第十六章　从探索世界中寻找灵感

以色列地处冲突频发的中东地区，从世界版图上来看，完全可以说是站在巨人中间的矮个子。从政治和地理方面来看，以色列是一个与西方世界隔绝又无法与邻国建立密切经济政治关系的小国。在这样的背景下，它如何做到在短短 70 年内克服重重困难并迅速成长为全球商界的一股重要力量？说起来，这背后的一个重要助推因素就是以色列人探索世界各地的强烈兴趣。

以色列人经常出国旅行，且旅行的时间通常比较长。2015 年的数据显示，当年在他国停留 1—3 个月的以色列公民为 28.5 万；在他国停留 3—12 个月的以色列公民为 25.4 万；当年出境的以色列公民总数为 310 万，其中包括 120 万多次往返境内外的公民，创下 590 万人次的出境纪录。这些游客的平均年龄为 40 岁，也就是说，各个年龄层的人都喜欢出境旅游。以色列 2015 年的总人口为 838 万，这意味着每年有 70% 的以色列人出境。为了使大家有一个更加清晰直观的概念，这里以美国为例来进行对比：2015 年，在 3.214 亿的美国人口中，有共计 7300 万人出国旅游，占总人口不到 23%。

联合国统计司的资料指出，国际长期移民是"移居到非常住国至少一年的人"。而以色列中央人口登记中心的数据显示，截至 2009 年，以色列的移民人数在 54.2 万至 57.2 万人，可以肯定的是，这些数字还在继续增加。

移民问题在任何国家都是一个充满争议的政治话题，以色列也不例外。仅从移民数量上来说，以色列肯定比不过叙利亚和法国（仅仅是移民至蒙特利尔的法国公民就有将近 7 万人）等其他国家。但关键在于，尽管以色列国内存在着反对移民的压力，却还是达到了一定比例的移民规模，且在追求国外生活经历的方面，以色列人表现出一种可循的明显规律。

必经之旅

大部分以色列人在服完兵役之后会开启第一次国外旅行，每年都有 3 万多人踏上旅程，我们将其称为"必经之旅"。这样的旅行帮助人们在集体和个人之间找到平衡，也堤供了平生第一次置身于国际化环境的机会。

在以色列国际机场，我们经常碰到年轻的背包客，他们身上背着行囊，眼里满怀期待，等候着飞往南美、印度和中国的航班。这些年轻人在候机的时候也精神抖擞，根本不会想着靠在行李上打盹儿，路人完全可以感受到他们的激动和兴奋。不久之后，他们也许会在当地的汽车站等上几个小时，在尼泊尔的群山之间辛苦跋涉，饥肠辘辘却快乐满满。在太阳的暴晒下，他们的皮肤变成小麦色，空气中都是自由的味道。

服完兵役的以色列年轻人通常会踏上一次长途旅行，一般是前往远东或南美，他们一边探索当地的文化和风景，一边在旅途中认识新朋友。在以色列，我们也将其称为"伟大征程"。巴伊兰大学心理学系的舒尔曼博士对相关数据进行了统计，他发现，这样的旅程一般持续两个月至一年。他总结道："这些年轻人一般都列了一个'必去'目的地的清单，但他们的行程安排比较灵活，可能在一个地方待上几周甚至好几个月。旅程过程中的体验不只是异国观光，也会涉及探险或蹦极等具有一定危险和挑战的活动。"在这些背包客当中，52% 的人选择去亚洲，15% 的人去南美，12% 的人去中美洲，11% 的人去非洲，8% 的人去澳大利亚或新西兰，只有2% 的人前往美国或欧洲。

旅行产生的费用一般在 3 万—5 万新谢克尔（约 6 万—10 万元人民币）。在出发之前，年轻人通常得花一年的时间工作攒钱，最普遍的兼职工作就是餐厅服务员，由此得来的收入将全部用于背包旅行的支出。或许您并不赞同这种大手大脚的消费行为，但在年轻的时候，探索新事物难道不比财务稳定更重要吗？

舒尔曼博士指出，"必经之旅"为年轻人带来了他们在国内没有机会获得的体验：真正来到"陌生的环境，远离家人和家乡文化"。在全新的环境下，年轻人可以不受约束地探索自身能力、优劣势、个人兴趣和局限。"我们可以把这次旅程理解为一个发现、实践和体验成长的舞台。另外，与祖国之间相隔的地理距离也能使年轻人对自己从小生活的社会产生新的或更深的理解，然后再以一种更'自我'的新面貌回到以色列社会。"

很多文化喜欢将"漂泊"这个词用作比喻修辞。在大家的想象中，漂泊者的形象或许更贴近一个形单影只的"独行客"。然而，以色列的漂泊人士却常常是成群结队的一帮人，他们要么一起出发，要么是在沿途休息点临时组成一队人，以至于现在甚至形成了一些方便大家组队的专门地点。大部分以色列人不会吹嘘自己"在偏远小岛上独自背包旅行"的经历，他们口中的故事往往是讲述自己"如何在港口碰到了其他几个人，然后大家组队背包旅行"。

"必经之旅"是人生某个阶段的特殊成长仪式。不同于那些由长者制定规则的成人仪式，"必经之旅"是一种由同龄人发起、支持的成长仪式。但这样的旅程又的确在很多方面与既定的成人仪式有着共通之处，比如都标志着长时间远离家庭和自小开始熟悉的社会环境，都要经历磨难和自我意识觉醒的不小冲击。

旅行结束后，这些年轻人又开始面临新的挑战，可能来自学术研究，也可能来自离家后的独居，又或者来自恋爱的烦恼。沙勒姆中心开展的研究显示，超过半数的受访者认为"必经之旅"在很大程度上帮助或影响了自己对学术方向的选择。这项研究包括 500 名21—35 岁的受访者，其中，63.2%的受访者拥有硕士学位或博士学位，46%的受访者在"必经之旅"期间或随后不久决定了未来的学术研究方向，13%的受访者随后选择了与"必经之旅"之前决定的研究方向截然不同的领域。就拿其中一名受访者莫兰·德克尔来说，她目前在希伯来大学学习商业管理和东亚研究，据她所说，前往中国的那次"必经之旅"使她有机会体验当地语言和文化，进而对目前的研究内容产生了浓厚兴趣。

除了使旅行者个人受益，"必经之旅"也能为大众利益做出贡献。吉利·科恩是曾在特种作战部队服役八年的军人，退役后，他将 1 岁半的女儿暂时交由岳母照看，然后跟很多人一样，带着妻子出发去泰国旅行。在泰国的某个傍晚，差不多有 1350 名以色列人热热闹闹地前往参加当地哈巴德社区组织的周五晚间服务活动，即使回国以后，这个场景还一直停留在科恩的脑海中。

科恩思索着如何加入这股力量。在他看来，这或许是一个向世界展示以色列真实面貌的难得机会。在接受《耶路撒冷邮报》记者赫本·基农的采访时，科恩回忆着当初在泰国对妻子说的话："既然有无国界医生组织这种将医生派至国外以帮助他人的组织，在外国旅游的以色列退役军人也可以在国外做点儿什么来使以色列和当地居民同时受益。"回国后，科恩立马开始落实这个想法。

在同战友亚尔·阿提亚斯和博阿斯·马尔基利商量一番后，科恩决定对以色列如此庞大的境外旅游群体，尤其是那些去落后地区旅游的群体，加以利用，从而在社会上产生积极作用。科恩在一次采访中提到，他们"利用背包客的力量来从事一些人道主义工作"。"我们想做点不一样的事，在以色列设立一种全新的初创企业。"他们三人在脸书上建立了一个名为 Lohamim L'lo Gvulot（翻译成英文是"Fighters for Life"，简称"FFL"）的页面。利马或加德满都等热门目的地被排除在外，他们选择了印度，决定在印度当地展开为期几周的志愿活动。招募志愿者的帖子发出后还不到三天，就有 15 人报名参加。短短一周之内，累计有 45 人报名。

FFL 的脸书页面已经拥有超过 1.1 万名粉丝。就目前而言，印度的项目只需要 35 名志愿者，但他们已经累计收到 550 份报名申请。志愿者会前往孟买、布宜诺斯艾利斯、冈达尔或墨西哥城等地，在那些最欠发达地区的社区学校教孩子们英语、数学、科学、舞蹈、卫生知识以及以色列近身格斗。

对于 FFL 来说，组织类似项目的成本并不高，因为志愿者已经自行购买了机票，FFL 需要负担的只是两周半的食宿。也就是说，如果要派遣一个由 35 名高积极性的以色列青年组成的代表团到孟买的破旧社区工作，费用总计只需 1.1 万美元。到目前为止，该组织已经派出 6 个小组出国，到 2017 年年底，这个数字已经达到 10 个。

每当被问及"必经之旅"的目的和个人期望时，以色列的年轻人往往会提到那种无拘无束的自由，那种只需要顾好自己的自由。出国旅行的时候，很多年轻人都刻意不做任何计划或行程安排，一切随心所欲。经历了教育系统和军事系统的无缝衔接，年轻人终于有机会在 20 岁出头的年纪体验这种完全的自由。

　　旅途中往往会遭遇各种各样的压力和挑战。徒步旅行就被大家视为必须体验的活动之一。徒步的时间可以持续几天至几周不等，通常会涉足高海拔山路或曲折狭窄的小径，整个过程极其消耗体力且充满危险。其中，比较受欢迎的徒步地点包括尼泊尔的安纳普尔纳环线和朗塘 – 格桑昆达地区、秘鲁马丘比丘的印加小道，以及智利的托雷斯德尔潘恩。这些年轻人总是沿着一条条危险的路线，骑着租来的摩托车无证驾驶在陌生的国度。旅途中不乏各式各样的极端经历，风险一路随行。

　　这些年轻人刚刚结束艰苦的军旅生活，为何又要急着开始另一段冒险旅程？要回答这个问题，首先要理解希伯来语"达夫卡"（音译自希伯来语"Davka"）的概念。"达夫卡"蕴含两种不同的意思。首先，它可以代指一种非常粗鲁、不体谅他人的糟糕行为。比如，如果你在犹太安息日这天开车经过一个安静的社区，且车里大声放着音乐，那你就应该关上车窗。放音乐的时候把车窗打开就是一种"达夫卡"行为。其次，"达夫卡"也可以代指一些积极无害的行为，也就是出于明确的自我动机而做出的，但也许不被他人理解的行为。所以，有的人明知有风险却还是要登上珠穆朗玛峰，有的人明知自己患有心脏疾病却坚持跑马拉松。人们对新体验、新感受以及那句"我做到了"的渴望就是这背后的驱动力。

"达夫卡"驱使着年轻人踏上冒险之旅，使他们享受一种克服并战胜困难的自豪感。从这些追求刺激的成年人身上，我们又看到了他们小时候在旧物回收院展现出来的胆量。这种由自己主动或被动选择的环境考验着一个人灵活应变的能力，也就成为产生自豪感的源泉。没有亲身体验的局外人也许无法理解这种行为，但那些正在经历冒险或做出看似愚蠢行为的人其实并非头脑一热，他们非常了解自己内心深处的动机。

一些年轻人透露，自己在旅途过程中经历了顿悟时刻。当他们回到以色列时，往往对人生、理想、个人能力、未来生活方式以及国家文化有了新的看法和感悟。用一名归国旅行者的话来总结："必经之旅是一次开阔眼界的体验。"

其实世界很小

在我服完兵役之后，距离大学开学的日子还有三个月。于是我决定和当时同在国防军 8200 情报部队服役的朋友艾纳特一同前往墨西哥，开启一段为期 6 周的旅行。我们俩结伴出行，也没做什么行程规划，甚至提前计划好的几个为数不多的站点也在旅途中做了临时调整。我相信很多出国旅行的以色列人都有类似的体验：你走进墨西哥偏远村庄的一家小旅馆，没多久就会碰到提前到达的旅客用希伯来语跟你打招呼。

跟很多年轻人一样，我和艾纳特在行前就决定好了，此行一定要尽可能远离过去熟悉的一切，不过，能在这世上最偏远、最不可能的地方碰到同胞，又何尝不是一种幸运。我们一路上碰到了不少以色列人，大家在异国找到一种故乡同胞之间惺惺相惜的感觉。在希伯莱特（Zipolite）海滩逗留期间，我不幸感染了一种肠胃病毒，这简直是我此行最糟糕的一段回忆。整整三天，我不停发着高烧，躺在床垫上忍受着胃痛的煎熬，一点也不能动弹。艾纳特一直在照顾我，不过当时还有另外一帮过来旅游的以色列人，尽管我们素未谋面，但是他们从旅馆老板那儿听说我生病了以后就毫不犹豫地主动提供帮助，在三天的时间里轮流照顾我。

为了体验新的环境，背包客们都希望避免在国外跟同胞打成一片，但他们选择的路线却总是重合。由于行程高度相似，很多以色列人最后还是和其他同胞结伴旅行，由此形成一个"以色列团体"。他们住在接待了无数以色列游客的旅社里，在以色列人经营或者主要面向以色列背包客的餐馆吃饭，这些餐馆的特色就是以色列菜，甚至还可能提供希伯来语菜单。最终，他们也会前往当地的以色列使领馆，以便与家人保持联系或者收发信件、包裹、报纸等。

回国后，以色列年轻人就开始推荐身边的朋友踏上冒险旅程，他们会介绍自己参加的活动和项目，同时鼓励朋友去探索全新的领域。在以色列，一个人在其他国家，尤其是发展中国家的经历被视为一种社会资本，这也能使有着相同经历的人产生联系。在和新朋友分享彼此的生活和未来计划时，类似"有没有去过某个地方"或者"有没有在某地徒步"的问题都很常见。

国外的以色列生意人

以色列人出国的目的当然不限于旅行，也有很多人是出于接受教育和发展事业的目的。但有一点是相同的，和背包客一样，在国外寻求职业发展的以色列人仍在一定程度上依赖于以色列的人脉网络。出国并不意味着抛下过去建立的社会网络，相反，异乡的环境反而使当地以色列人的关系更加紧密，从而在更大程度上发挥出社会网络的积极作用。

以非营利组织以色列合作组织（Israel Collaboration Network，ICON）为例，这是一家总部位于硅谷并汇集了大量以色列企业家、美国投资者、高管和行业重要人士的组织。该组织主要面向那些希望在硅谷募资或者创办企业的以色列人，并帮助其与当地社区建立联系。ICON 通过指南、小组会议或平台向成员提供信息、支持和建议，从而促进成员与以色列科技界创始人、硅谷科技社区及行业领军者之间的互动与合作。

ICON 成功的背后有一位不可或缺的重要人士，她叫亚斯敏·卢卡茨，是 ICON 的执行董事，可谓天生的商界奇才。她曾是以色列空军作战部队的军官，退役后正式开始了职业生涯。起初，她在特拉维夫港口从事活动组织的工作，随后在特拉维夫大学获得了会计、经济和法律学位，接着前往斯坦福大学攻读了工商管理硕士。她也曾就职于安永会计师事务所，不久后在以色列创办了一家广受欢迎的报纸《今日以色列》，并担任该报社董事会主席。

目前，亚斯敏和家人定居硅谷，但她经常回以色列参加 ICON 的王牌项目 SV 101。SV 101 是一个专为企业家打造的培训计划，项目精选了 10 家初创企业的创始人团队，为其提供企业发展所必需的关键工具以帮助其在硅谷大获成功。SV 101 项目围绕着以下三个目标展开：从硅谷获得一线反馈，深入了解硅谷的方式方法，以及在硅谷建立并利用职业网络。在数百家初创企业中，有 10 家初创企业在亚斯敏、ICON 和 SV 101 项目的帮助下突出重围，成功融入了硅谷创业圈。

亚斯敏曾经指出，绝不能一个人单打独斗地冒险，尤其是在硅谷这种地方，创业者千万不能犯这种错误。她说："在以色列，寻求投资或建议的创业者不惜动用身边的一切关系，包括多年没联系的部队战友、哥哥的大学室友乃至前女友的叔叔。但到了硅谷，这里没有战友，更没有前室友，要给别人留下好的第一印象，你只有一次机会。ICON 的价值就在于我们多年来建立的关系、人脉网络以及我们积累的经验，这能为创业者提供理想的支持网络和安全网。对很多以色列人来说，ICON 就像是一个远离家乡的第二故乡，他们可以在这儿得到最诚实直接的建议和帮助，而这一切都没有任何附加条件。"

一个遭受挫折的人也许会下定决心做点什么，最终建立起强大的网络和公司。这也是 WeAct 公司创始人达丽娅·海尼·沙克德的故事。

达丽娅于 2015 年独自来到硅谷，开启一切未知的生活。没有朋友的日子没过多久，她很快就通过创业社区认识了 200 多个以色列人，随后偶然发现了一笔创业宝藏。

开始创业前，达丽娅是以色列国防军发言人部门的军官，机缘巧合之下认识了以色列前总理埃胡德·巴拉克，随后担任埃胡德和其他首相的顾问。在短暂的政治生涯后，她前往巴伊兰大学攻读了法学本科学位，随后就职于一家专注撒哈拉以南非洲地区业务的跨国私募股权投资公司 Vital Capital。2015 年，她和同属科技投资界的丈夫埃亚尔·沙克德决定举家搬至硅谷。

对达丽娅来说，创业并不是受到那种闯出一番事业的心态影响，而是出于解决问题的想法。她碰到不少以色列企业家，尤其是女性，她们对于前往大西洋彼岸开展业务总是充满担心和忧虑。在这一点上，达丽娅完全能够感同身受。她知道，要离开以色列熟悉的社会网络再融入硅谷社区，并非易事。在这个尚未实现性别平等的社会，女性企业家的处境更为艰难。对她们而言，离开以色列意味着成为少数群体中的少数。

　　为了解决这个问题，达丽娅于 2016 年创办了 WeAct（Women Entrepreneurs Act），这是位于硅谷的女性创业者之家，是她们进行交流互动的社区。2018 年，达丽娅成立了另一家公司，致力于帮助女性进入投资行业，并推动从上至下的全面变革。现在，作为三个孩子的母亲，达丽娅一直保持着另一个身份——硅谷的杰出女性企业家，并以这个身份来不断打破社会上的条条框框以及性别不平等的待遇。

　　2016 年 11 月，通过 WeAct 的牵头组织，20 位优秀的女性创业者作为首个代表团，从以色列来到硅谷。WeAct 为这些女性创业者提供了强大的社会网络，她们可以通过这个平台互相推荐新软件、拓宽国际人脉网络、分享经验、推动解决文化偏见和性别偏见等社会议题、提供职业咨询以及讨论投资问题。甚至连达丽娅自己也没有料到，WeAct 竟能衍生出如此强大的社会网络。

　　达丽娅说："WeAct 在帮助以色列人建立联系方面发挥了巨大作用，我觉得每个国家都可以有类似的项目。这些女性创业者的母亲几乎都是全职工作的职业女性（以色列的现实情况），她们一边工作，一边照顾抚养子女。我觉得这些母亲都是一定程度上的女权主义者。她们曾在以色列国防军从事各种工作，很多人都是军官，有的接受过技术培训，有的没有，很多人在大学阶段选择了非常规的专业，甚至在职业生涯中也经常是部门唯一的女性。从小到大，这些女孩就被教导要敢于说真话，不卑不亢，她们也在艰难的处境下持之以恒地做到了这一点。以色列那种敢于质疑以及为所有人的共同福祉而努力的文化，本身就是一种极具创业精神的生活方式。一旦以色列人形成了自己的社会网络，这将产生成倍的积极影响。"

达丽娅对女性企业家的关注也得到了政府和民营企业的响应，他们陆续推出了一系列支持以色列科技界女性的计划。最新研究显示，在以色列，由女性领导的初创企业只占总数的 8%，与西方国家的数字基本持平。这个占比的确是非常小的，尤其是在以色列这种女性跟男性一样都要在部队服役的情况下。

2019 年 2 月，以色列政府创新管理局理事会通过了一项加大支持女性创业者主导项目的激励计划。这是以色列在消除性别偏见和增加女性创业者人数方面做出的重大举措，在创新管理局的支持下，该计划旨在在未来两年内使以色列的女性创业者人数翻一番。

另外一家位于纽约的以色列初创企业也印证了人脉网络和交流社区的重要性，这就是由盖伊·富兰克林创办的网站——Israeli Mapped in NY。

盖伊从小就梦想进入部队体验军旅生活，那时他梦想着能成为加拉茨军事广播电台的播音员，可惜梦想没有成真。接着他又立志成为建筑师，没想到这个想法再次落空。于是，当盖伊从特拉维夫大学的法律和会计系毕业后，他入职了安永会计师事务所并担任初创公司的会计顾问。到了 2012 年，盖伊得到一次前往安永纽约总部工作的机会，也正是在此期间，盖伊的创业意识开始显现，他这才发现，原来自己最适合的其实是创业。

在纽约工作期间，盖伊照旧是为初创公司提供咨询。随着越来越深地涉入纽约创业圈，盖伊在纽约认识的以色列人越来越多。他发现，其实有大量的以色列人在纽约生活。在好奇心的驱使下，他开始绘制一张地图，上面标明了纽约所有的以色列初创企业。

事实证明，一切都符合盖伊的推测，以色列人在不断涌入纽约市场。根据盖伊的统计，2013 年，纽约有 100 多家运营中的以色列初创企业。短短几年内，这个数字快速增长至 350 多家，也使以色列成为纽约最大的初创企业输出国。地图可以直观地展现公司数量剧增的过程，也能吸引人们关注这个现象。但还有一点被遗漏了——连接性。

盖伊绘制的地图很快就受到了初创企业的关注，除此之外，很多投资者、政府官员、人才、企业、媒体、服务提供商和活动组织者也被吸引。当他们意识到了彼此的存在，同在纽约的以色列人自然而然地就开始熟络起来，不久就衍生出一个完整的生态系统。

目前，盖伊在 SOSA 纽约公司担任总经理，SOSA 是一个连接企业、创业者、投资者或其他利益相关者的创新中心。盖伊表示，SOSA 汇集了一切资源，唯一的问题只剩下如何利用。

我在这里只列举了 ICON、WeAct 和 Israeli Mapped in NY，类

似的平台还有很多。这些平台都对以色列的技术和创新抱有强烈的兴趣，同时也希望共享技术和创新以帮到更多的人。这种建立以色列社区的模式也不是科技和创业圈独有的，还有无数旨在帮助身在国外的以色列人的组织、平台、在线或实体社区以及服务中心，它们为身处异乡的以色列人提供了交流信息、互相认识、互相帮助的机会，从而使更多的以色列人顺利融入当地环境。

通过这些社会网络，移居国外或者在国外旅行的以色列人可以方便快捷地找到有关旅游、工作规定、工作地点的信息，以及如何结交以色列商人和当地人士的信息等。和"必经之旅"一样，在国外做生意的以色列人仍然保持着以色列的生活方式 —— 哪怕在离家 7000 英里的地方也要建立紧密的社区。

第十七章　永远乐观

过去 30 年来，以色列的科技行业不断发展壮大，也在一定程度上带动了其他经济部门的发展。近 20 年来，以色列出口占国内生产总值的比重平均达到 36%，同期进口大约占国内生产总值的 35%。从在纳斯达克上市的公司数量上来看，以色列排名第三，仅次于美国和中国。2017 年，流入以色列（所有部门）的外国直接投资达到 190 亿美元，创下历史新高。而在 2014 年，流入以色列的海外投资仅为 67 亿美元，可见增幅之大。

当然，这是因为以色列为外国投资和国际贸易提供了极为便利的条件。低关税和良好的国内监管环境是推动国际贸易的基础，同时，以色列也在持续推出相应的改革措施以进一步增加国内贸易监管框架下的市场开放性。以色列法律鼓励广泛采用国际标准或者以国际标准为基础的国内标准，最近通过的一项决议也力图使以色列现有标准进一步接轨国际标准。此外，以色列也严格遵循国际经济社会制定的相关标准。在《马斯特里赫特条约》和《华盛顿共识》

的指导方针下，以色列建立了本国的财政和货币宏观经济体系，同时实施了重要的外汇改革，成功地使本国货币新谢克尔成为可自由兑换货币。

除了大力建设基础设施以吸引外国投资者，以色列政府还针对外国投资者出台了专项拨款、税收优惠和免税的政策以帮助企业减轻研发、工资等各方面开支的压力。这些努力取得了明显成效。

在 1998 年至 2012 年，以色列科技部门的年均增长率为 9%，是国内生产总值的两倍多。2015 年，以色列共有 2355 家初创公司，雇用的员工总数超过 2.06 万人（较 2014 年增加了 35%）。在 2010 年至 2015 年，共有 2775 家公司在以色列成立。截至 2015 年，倒闭的公司数量为 420 家，占总数的 15%，这个比重明显低于世界平均水平。

美国劳工统计局和小企业管理局的数据显示，在新成立的美国企业中，33% 会在头两年内倒闭，初创企业的存活率为 50%—60%。而 33% 的失败概率已经需要非常高的风险承受能力了。尽管初创公司在美国的成功概率并不算高，但在创业之都以色列，每年新成立的初创公司的数量依然超过了倒闭的公司数量。

统计资料显示，在 2010 年至 2014 年，以色列初创企业的数量保持着 4.4% 的年均增长速度。然而，从 2014 年开始，这个数字开始以每年 6% 的速度下滑。尽管统计数据显示似乎在走下坡路，但实际上，2016 年以来，以色列科技行业的从业人数较 2015 年有了

7% 的增长，业内平均工资也增长了 6%。

2017 年，以色列初创企业共募集了 55 亿美元的风投资金，较 3 年前的数字增长了 50%。2018 年，以色列高科技公司进行了 623 宗交易，融资总额为 64 亿美元，创下了连续 6 年增长的纪录。2018 年，以色列的募资总额较 2017 年增长 17%，较 2013 年增长 120%。

以色列的科技产业实现了持续多年的蓬勃发展，在这股力量的带动下，如今，以色列的人均初创企业数量仅次于硅谷。

在同等规模的条件下，以色列初创企业募集的资金几乎是美国初创企业的两倍，并且早已超过了欧洲和中国，再次创下历史纪录。近年来，前往以色列投资的外国投资者显著增加，他们关注着当地的创新型初创企业，成立了多家风投公司，其中包括 Disruptive、TLV Partners、83North 和 Aleph。以色列在研发方面的投资也处于世界领先地位，其中政府投资占少数，主要来自民营部门。

尤金·坎德尔是以色列经济委员会的前主席，以色列总理的经济顾问，也是非营利组织以色列创投中心（Startup Nation Central）的 CEO。以色列具备为世界性议题提供创新技术解决方案的能力，以色列创投中心立足于此，致力于推动各国政府、企业和投资者与以色列创新生态系统建立联系。坎德尔认为，当今世界面临的许多问题是以色列从 100 年前就一直在处理的问题。随着形势的变化，传统的解决办法已经不能满足今天的现实需要。在过去，以色列也是经过了无数次试验和试错才最终提出了创新型解决方案然后逐渐走向繁荣，才有能力为人民提供充足的水、粮食、能源和医疗服务。

以色列创投中心的主要职能包括提供有关以色列创新生态系统的信息以及相关从业者的联系信息。另外，以色列政府和相关组织也在努力拓展社会网络，及时对外公布并制定相应法律法规。几乎每天都有来访以色列的外国代表团，其中包括国家元首、大型集团高管、来自新兴经济体的投资者、科技行业的创业人士，以及商科学生，我自己也常常受邀参加类似的活动。这些到访以色列的人士都对这里的科技生态系统怀有强烈的兴趣和好奇心，当然，他们也希望从中吸取经验。

没有真正的完美

以色列的科技生态系统是成功的典例，也在很多方面为全球新兴创业中心树立了榜样。不过，这样的生态系统也远没有达到完美的程度。以色列面临的一大挑战，或者也可以说是机遇，就是人力资本的单一性。

伊玛德·泰勒哈米出生于一个名为伊斯菲亚的德鲁兹村*，他们全家信仰基督教，可以说是这个村子的极少数群体，而在以色列和

---

* 德鲁兹人属于阿拉伯人的一支。

中东，基督教徒就更是少数中的少数了。幸运的是，在父亲的影响和教育下，伊玛德从小就将少数群体的身份视为一种优势。伊玛德的父亲是一名教师，但选择教育事业，其实更多是出于偶然。一开始，伊玛德的父亲在黎巴嫩学医，在1948年以色列独立战争爆发后回到了村里。目睹了村里孩子的落后教育条件后，他坚定了自己的目标和使命——为村里的孩子提供教育，帮助他们走上正确的人生道路。金钱回报从来就不是他投身教育的初衷，选择教育是出于对孩子们的关心和爱护。如果某个家庭无法负担课本费用或者学校活动的费用，伊玛德的父亲总是自掏腰包，为这个家庭慷慨解囊。他不愿看到任何一个孩子失去获得知识的机会，尽管他自己并不富裕，但钱从来不是阻碍他帮助这些孩子的借口。他告诉伊玛德，在爱和信念的作用下，群山皆可移。钱总会有的，不能把赚钱作为人生目标，他总是这么说。

如果非要用一个希伯来语词语来描述伊玛德的成长过程，那么这个词一定是"沙洛姆"（音译自希伯来语"Shalom"）。"沙洛姆"大概是最广为人知、使用频率也最高的希伯来语词语了（用于打招呼和告别）。它的字面意思是和平，可以说是希伯来语中最富有感染力的词语之一，表示敌人之间和谐相处、互相接受的状态，或者是我们说的乌托邦。但对伊玛德来说，"沙洛姆"就只是一种生活方式而已。

有些读者可能会产生一些困惑，既然是占少数的群体，他们怎么还能像没事人一样关心和爱护那些主宰各项决策的多数人呢？如果是经常被多数派反对的少数群体，肯定或多或少会有点不满情绪吧？但是对于伊玛德来说，父亲就是他的榜样，"沙洛姆"这种生活方式的核心就是尊重和接受他人。在德鲁兹人的习俗和传统中，男性身着短裤或者盘腿而坐是一种不尊重他人的表现。虽然伊玛德和家人并不信奉同样的传统，但他们选择包容和尊重对方的原则，之所以这样做不是因为贫穷，而是创造一种彼此和谐共处的环境。伊玛德的童年总是在学着接受和体谅他人，妥协不是牺牲，而是出于爱和尊重。这样的成长环境使伊玛德成长为今天的行业领军人物，也印证了实现"沙洛姆"的可能。

18岁的伊玛德一开始打算学医，但在父亲的建议下，他选择了工业工程与设计专业，并就读于以色列中心城市拉马特甘的申卡尔设计与工程学院，然后每周往返于繁华中心和家所在的村子。伊玛德没有从申卡尔设计与工程学院毕业，但这并不是因为跟不上学业，恰恰相反，他的成绩非常出色，以至于在校期间就受到了企业家阿莫斯·本－古理安的器重并将他招揽至旗下纺织公司 ATA 工作。进入 ATA 工作后，伊玛德的才华很快就得到了 Beged-Or 公司的创始人——尤西·罗恩的赏识。1981年，伊玛德受邀加入尤西的公司并担任工厂经理。出人意料的是，伊玛德这份新工作的开头并不顺利，工厂的犹太工人出于对阿拉伯人的排斥，开始频繁罢工。在这样的情况下，尤西依然坚持任用伊玛德的决定。当然，在童年经历的影响下，伊玛德也始终秉承人与人之间的爱和尊重。不到一年的时间，他就扭转了人们的看法，成为最受员工支持的经理之一，甚至在三年后伊玛德离职的时候，工厂的工人们又开始了新一轮罢工，不过这次是为了阻止伊玛德的离开。这一次，工人们的罢工依然失败了，伊玛德还是选择了离开。像这样从被反对到被支持的职业经历使伊玛德意识到，犹太人和阿拉伯人之间的冲突并非不可逆转，而是环境造就的结果。伊玛德认为，人都是相似的。他说："我们都是一样地呼吸和吃饭，会哭也会笑，行为举止都一样。我们有着同样的恐惧，经历着一样的困境，享受着生活带来的同等快乐。在我们不认识彼此的时候，总是倾向于给人贴标签，把不同的人分门别类，最终造成疏远和隔阂，使不认识的陌生人开始互相憎恨。一旦我们真正开始了解对方，就会意识到大家都是普通人而已，相处不过是一件轻松自然的事。"

离开 Beged-Or 后，伊玛德加入了 Delta Galil，这是一家以色列品牌服装制造商和营销商，在全球范围内拥有 1 万多名员工。Delta Galil 的创始人多夫·劳特曼将"不贴标签"的文化践行到了公司各个方面，他让伊玛德成为公司首名阿拉伯裔的工厂经理，随后，伊玛德的事业突飞猛进。爱和接受，这是伊玛德从童年开始就耳熟于心的两个词，也是他构建领导力的秘诀。在 Delta Galil 工作期间，伊玛德总能从别人的角度出发。欧洲、美国、中东……在任何由他负责的工厂所在国，伊玛德都会尽量使用一种大家都能听懂的语言。他认为，这是一种"激励"，当然不是指金钱上的激励，而是激励大家学会合作和包容。伊玛德在公司内部提出了一个口号"爱与你共事"，他说："爱是大家都能理解的东西，所以爱是一种跨越文化的语言。当然这不是让管理层对员工示爱，这么做只能招来官司。提出这个口号是希望唤起员工和管理层之间的互相理解。就像阿拉伯单词'hanan'所表达的意思——学会包容。"伊玛德在Delta Galil发展得非常成功，其中的关键就在于他知道如何在激励员工、满足员工需求和满足公司需求之间找到平衡。

2007年，也就是在Delta Galil工作的第25个年头，伊玛德和多夫都决定从公司退休。在以色列，82%的阿拉伯妇女都没有工作。当伊玛德在考虑未来打算时，这个数据使他下定决心要做出点改变。很快，他建立了Babcom中心，旨在提供国内领先水平的服务，为人们打开一扇通往就业、成功、和谐共处和优质服务的大门。伊玛德认为，要真正做到这一点，首先就要确保真正的多样性。他做了一个比喻："Babcom就像一束鲜花，只有各式各样的花朵才能组成绚烂的花束。"在Babcom中心，不同的文化和宗教都能展示其精华，由此形成一家真正服务于所有人的公司。Babcom的商业模式如此成功，以至于哈佛商学院也将其记录在册，专门推出了名为"Babcom：打开大门"的学习案例。

尽管Babcom大获成功，但在伊玛德看来，真正的包容和共存还远没有实现。他曾在2013年表示："我为这项事业已经努力了5

年，在这 5 年中，我们有看到其他类似的组织崛起吗？我以我父亲为榜样，但又有谁在模仿我呢？阿拉伯人占了以色列人口的 20%，为什么他们要被这个支持创业的国度排除在外？"伊玛德已经做了很多，但还远没有达到他想要的效果。

解决问题之前必须深刻认识问题。一番思考过后，伊玛德得出结论："阿拉伯人心中的五大恐惧阻碍着他们成为伟大企业家。"以色列的犹太人从很小的时候就开始学着克服这些恐惧，但阿拉伯人得到的教导却是屈服于内心的恐惧，所以很多阿拉伯人不敢去拥有伟大的梦想。伊玛德认为，困扰阿拉伯人的第一大恐惧就是害怕失败。以色列的阿拉伯人长期处于小而封闭的社区，又是一个长期承受着广泛偏见的少数群体，这让他们内心产生了一种羞耻感。如果我摔倒了，别人会怎么说？哪些人会嘲笑我？他们总是被这样的问题困扰。因此，他们宁愿不冒险，也不想经历失败的耻辱。第二大恐惧是恐惧政府。以色列政府在处理阿拉伯裔的问题上的确有不公正的地方，这使阿拉伯人认为，他们不会在创业领域得到任何支持。第三大恐惧是恐惧银行。因为银行跟政府一样，很少在利息、贷款和信用方面为阿拉伯人提供优惠政策，贷款普遍都要求以个人土地或房屋作为抵押，很多人都难以满足相应条件，阿拉伯人就更难了。

第四大恐惧源于缺乏成功的故事。伊玛德说："阿拉伯裔的榜样企业家在以色列屈指可数。我们缺乏经验丰富的导师和榜样人物，在犹太人成功案例的对比下，阿拉伯裔与之的差距越来越大。"最后，第五大恐惧是社交恐惧。广泛的社会网络能对创业起到不可估量的积极作用，这一点再怎么强调也不为过。但在很多情况下，阿拉伯人的社会网络里可能就只有村里的理事会和中学校长。当然，这也能发挥一定作用，但与8200情报部队战友网络、硅谷社区、大学校友这些犹太人拥有的人脉相比，阿拉伯人的圈子实在是太小了。

弄清问题所在之后，伊玛德便着手设计解决方案。他与舍米·佩雷斯和艾瑞尔·玛格丽特共同创建了 Takwin Labs，致力于帮助以色列阿拉伯人克服内心的五大恐惧。除了提供资金支持，Takwin Labs 也在积极帮助阿拉伯创业者拓展社会网络，并获得专业技术、导师和战略顾问。最重要的是，许多阿拉伯人逐渐学会了敢于梦想。正如伊玛德所说："只有敢于梦想，一切才有可能。"

在以色列的科技生态系统中，人力资本单一的问题并非局限于阿拉伯人，还有其他少数群体，例如极端正统派、女性，甚至45岁以上的人士。每一种现象背后都有深层的不同原因。

随着以色列科技产业的不断发展，社会将需要越来越多的高技能人才，而人才供应恰恰是以色列目前面临的短板。不过这一关键挑战也将带来无限机会，当务之急就是充分调动各个阶层的创新潜力，实现包容且可持续的经济增长。在这个背景下，以色列政府和民营部门已经纷纷采取实际行动，力图使目前代表性不足的少数群体在人才输送方面发挥更大作用，从而实现国家经济的持续增长。

乐观心态和创业精神

以色列的科技产业为何如此成功？这是商业报道记者和业内专家都在分析的现象，也是本书旨在回答的问题，也即——分解到底是以色列文化中的哪些因素孕育了一批又一批成功的企业家。以色列社会有一种生生不息的创业文化，且这种文化并不局限于商业世界。这里的成长环境鼓励着以色列人去尝试、试错、总结经验，去开启冒险。他们从小就相信，或许有的人甚至是盲目地相信，一切都会越来越好，也就是希伯来短语"yiheye besseder"（天塌不下来）的意思。

这句短语背后的哲学非常值得细细品味。从某种意义上来说，这背后的哲学就是构成以色列人典型特质的内核。要理解这一点，我们需要深入挖掘以色列的语言、历史、社区和实践。

我们先来看看舍米·佩雷斯的例子，他是正儿八经的萨布拉，是索尼娅和以色列前总统西蒙·佩雷斯的儿子。舍米曾是以色列空军的战斗机飞行员，随后成立了以色列的第一批风投公司之一 Mofet，这直接使他成为以色列最著名的风险投资人之一。舍米过去是以色列风险投资协会的主席，以色列规模最大的风投公司

Pitango 也是由他创办的。

对于乐观主义和以色列高科技产业的成功，舍米也有自己的解读。他说："乐观主义的本质是信念问题。你必须首先说服自己，相信某件事情一定会发生。除了展现一个人的信念，乐观主义也是一种工具、一种心态，它激励着人们向前进，如果没有一点乐观主义精神，创业精神也就无从谈起。"

乐观主义肯定是不限于创业范畴的。舍米表示："很多人之所以选择乐观，是因为悲观始终走不长远。乐观主义本身并不能带来成功，但一个乐观的人却能成事。我父亲过去常说，他从未听说哪个悲观主义者发现了新星。在我父亲去世前，他告诉我，历史最终呈现的面貌其实比我们想象的要乐观得多。我们往往会选择忽略身边那些变化的迹象，因为我们总是用目前的标准来衡量生活幸福与否或质量高低，却常常无视了一点 —— 几十年前的情况可比现在糟糕多了。"

所以，只有在回头看的时候，我们才会突然意识到进步。"现在物资变丰富了，人们的生活水平也提高了，有更多的机会来享受世间万物，获得更多商品、更优质的教育，享受便捷的流动性、更健全的医疗服务。"舍米以埃博拉病毒为例，说："我们可以说是相当迅速有效地战胜了埃博拉病毒，光是这一点就值得庆祝。但是我们觉得医学界就应该设法克服各种疑难杂症，所以认为这是理所当然的事。如果我们不那么乐观，对医疗水平没有太大的信心，那么战胜埃博拉病毒就可能成为我们这个时代最伟大的医学突破之一。正是因为我们的乐观心态，'天塌不下来'，我们相信一切都会好起来，所以认为埃博拉不过是另一种短暂流行的疾病。对创业者来说，有些情况下的乐观只是一种纯粹的信念，难免被人们评价为'过于天真'；有些情况下的乐观则是基于他们对市场需求、产品、服务、资源、能力和风险的客观判断。"

创业者既要有信念，也要实事求是，而这种信念往往体现在缺乏经验的年轻人身上。舍米总结说："要知道，我们这个时代最伟大的企业家都是在年轻的时候开始创业的，包括创办微软的比尔·盖茨，创办苹果的史蒂夫·乔布斯，创办脸书的马克·扎克伯格。这些例子也提醒着年轻人，为了达到他们心中的理想目标，他们愿意付出多少。"

我们可以把乐观分为三种。第一种是固有的乐观，也就是相信自己办成一件事的能力。第二种乐观源于对他人的信任。舍米解释道："作为投资人，我的乐观就建立在其他人身上。我总是和最优秀的人一起共事，我也丝毫不怀疑他们的能力。在以色列创业圈，人们所展现出来的乐观往往是上述两种类型的结合。成功的企业家明确地知道自己的需要、自己对他人的需要，同时也对合作成功充满了信心。"

跟很多复杂的文化现象一样，"yiheye besseder"还有另外一层意思，表示"潜在衰落"。它可以用来指代回避批评和难题或者消极怠工的状态。在《以色列主义》(*Israelism*)一书中，作者埃泰·施罗尼博士指出并批评了以色列组织文化中那种不加思考的随意态度。在施罗尼博士看来，"天塌不下来"代表着以色列企业和政府中非常普遍的一种漠视文化。

舍米表示："'天塌不下来'所表示的另一层意思主要源于没有事实根据。嘴上说一切都会好起来是不够的，必须采取实际行动。不付出努力就想等着问题迎刃而解？这种想法太幼稚了。不过也不排除用这个短语来安抚他人的情况。但如果用这个短语来推卸责任，那就很危险了，很有可能会导致惨重后果。"不过"天塌不下来"的消极意思也印证了其中的复杂性。如果我们用这个短语来为自己打气，那么它小则有益于创业者，大则有益于国家。

第三种乐观既需要决心，也需要坚持。这里可以用 Urban Aeronautics 公司的 CEO 拉菲·约埃利来举例说明。20 年来，他一直致力于开发城市使用的内旋翼飞机。在重重困难的包围下，拉菲一直坚持着这项事业。这个项目总是很难吸引到投资者和合作伙伴，技术似乎也总是徘徊在突破和成功的边缘。在这种情况下，拉菲为何还能保持乐观？这是因为他抱有坚定的决心，也因为他拥有着超出个人范畴的宏大目标。舍米也曾做出类似的解释："就我父亲而言，他的乐观源于对人的信心，也源于他的信念，他坚信自己在做一件超越个人范畴，甚至超出这个时代范畴的伟大事业。"所以说，乐观也是一种选择。

以色列人的乐观精神看似令人费解，因为在很多人看来，如果考虑到政治条件，以色列人应该悲观才是。但舍米认为，以色列人固有的乐观精神恰恰源于这里的生活环境。

"想想看，很多父母就在这种高风险的地区养育子女，在紧挨着叙利亚、黎巴嫩和真主党的以色列北部定居；在面临导弹袭击威胁的加沙地带建造城镇；走在曾发生自杀式炸弹袭击且近年来刺杀和肇事逃逸也频发的耶路撒冷街头。发生了这一切之后，这些以色列人还是选择留下。对他们来说，一方面，家是安全、稳定的象征，代表着家庭的温暖和亲情；另一方面，家同时又被各种各样的现实威胁包围着。没有经历过这种生活的人大概是无法忍受的。"我想，舍米这番话想要强调的是，尽管外界存在着大量危险，但孩子们在家里仍然感到安全，因为他们的父母从未对恐惧妥协，而是选择乐观、希望和信念，相信一切会越来越好，或者说，相信他们可以战胜一切。

"我们既然能逃出法老的手掌心，这点困难又算什么"

以色列的乐观主义可追溯至犹太历史，而犹太历史就是一段夹缝求生的故事，其中，犹太大屠杀就是近代发生的最可怕的事件。"天塌不下来"这句短语根植于以色列文化和犹太历史的中心主旨——犹太人都是幸存者。以色列著名歌手梅尔·阿里尔（Meir

Ariel）曾说："我们既然能逃出法老的手掌心，这点困难又算什么。"* 每到犹太节日，以色列人也会开玩笑地说："有人企图杀掉我们却没能成功，今天就敞开肚子大吃大喝吧！"在舍米·佩雷斯看来："正是这种克服一切困难和危险的想法培养了以色列人的适应能力和乐观主义。"

舍米·佩雷斯认为，犹太历史的另外一面就是构建了一种信念，也即"相信（犹太人）是天选之子。犹太人是独一无二的，是强大的，因此肩负着让周遭世界变得更加美好的责任以及参与'修复世界'（意译自希伯来语'Tikkun Olam'）的使命。今天，'修复世界'用来指代一种宗教上的概念，代表我们对社会正义的需要。以色列人很小的时候就开始接受这种价值观的熏陶。以色列人身上体现的乐观不是盲目乐观，而是一种有意识、经过吸收消化的乐观主义，它建立在几代人的经验和强大的生命力之上"。

2010 年 1 月，时任以色列总统的西蒙·佩雷斯在德国联邦议院发表演讲，他表示，"修复世界"就是犹太人对于大屠杀的回应，也即纠正错误，改善自己和周遭环境。西蒙·佩雷斯说："'修复世界'也是创业的核心。创业者要善于发现那些不对劲或者还能提高的地方。'天塌不下来'承认事情并不总是顺利的事实，但同时也相信情况很快就会有所好转。"

---

* 根据《圣经·出埃及记》，以色列人曾在法老统治下的埃及遭受长期奴役和迫害，随后在先知的引领下离开埃及，脱离苦境。

20 世纪 50 年代以来，以色列人在形势逼迫之下不断寻求满足内需的方法，同时也与世界分享相关的解决方案。以色列对南部沙漠的充分利用实现了农业上的创新突破，不仅在以色列社会产生了深远影响，也帮助许多发展中国家找到了保障粮食安全的方案，改善了这些国家的农业生产情况和食品储藏安全。例如，以色列耐特菲姆公司的滴灌技术和微灌技术就被推广至世界各地。该公司最新推出的滴灌设备不仅实现了自动清洁功能，还能在不同水质和水压的条件下保持相同流速。

"修复世界"的概念也体现于医疗创新领域的各项颠覆性发明中：Given Imaging 公司发明了首个用于消化道的胶囊内窥镜，几乎全部取代了其他高风险性的侵入型操作；以色列魏茨曼科学研究所研发的治疗多发性硬化的免疫调节药物——克帕松（Copaxone）；其他一些听起来就像是科幻小说里才会出现的东西，例如 ReWalk，它是一种能使截瘫患者站立、行走、爬楼梯的仿生系统，已经在美国食品药品管理局获批。

以色列的创新也改变了当今世界消费技术的方式：IBM 的首款台式电脑的 CPU——英特尔 8088 的芯片就是在以色列设计完成的；大部分 Windows NT 操作系统均由微软的以色列公司开发；英特尔的奔腾 MMX 芯片技术设计于以色列；北美首款 USB 闪存驱动器也是由以色列公司 M-Systems 开发。

在将技术从一个空间带至另一个空间的过程中，以色列公司也将"修复世界"的概念践行到了极致。例如，基于 GPS 的智能手机导航应用程序 Waze 就可以提供逐向导航和其他用户提交的行程时间和路线信息，它完全改变了人们使用地图的方式方法。此外，基于视觉的高级驾驶辅助系统 Mobileye 也可提供撞车警告。在自动驾驶汽车技术领域，OrCam 公司的便携人工视觉设备 MyEye 能使视力受损的人通过音频反馈来理解他们看不见的文本和物体，相当于赋予了盲人一双"眼睛"。类似的例子数不胜数……

"天塌不下来"这个概念蕴含层层深意，作为整个民族内心深处的信念，它被一代又一代地传承至今。"天塌不下来"根植于过去的犹太历史，同时又透露出对未来的展望，我们通过"天塌不下来"这个短语来安慰自己和他人 —— 虽然现在似乎看不到希望，但未来一定会更好。这是一种以不同角度看待当下的能力，它为人们重新注入了希望和安全感，从而有足够的动力来谋划应对措施。

正如舍米·佩雷斯所说："'天塌不下来'就是鼓起船帆的风，它给了我们前进的动力，但方向却由我们自己把握。创业者就像是水手，如果海上既没有风也没有指南针，再好的水手也束手无策。很多创业者可能拥有风或者指南针，但最成功的创业者往往两者兼具。"

"天塌不下来"是以色列文化的核心，也是创业精神、创业心态的背后驱动力。在以色列人看来，当下的处境绝不是终点，提高、改善的空间永远存在，而克服重重困难之后，未来终将是美好和光明的。

您怎么看呢？

"菲尔贡*"是我最喜欢的希伯来语单词,我专门把它留在了致谢部分。

"菲尔贡"用来描述一种没有任何企图,也不求任何回报地分享他人愉悦的概念或行为。这是一种纯粹的共情,不掺杂一丝嫉妒或自私的情感,是一种为他人的幸福和成就而由衷高兴、共情的状态,是一种有别于恭维的、让人感到舒适的行为。

对我来说,创作本书并非轻松之事。在写作过程中,如果没有其他人给予我的"菲尔贡",我不可能顺利完成本书。

尤拿坦、丹尼尔和雅登——我亲爱的儿子们:我从几年前开始创作本书,随着书中各章节内容的逐渐充实,我也看着你们一点点长大。我从你们三个的成长过程中获得启发,继而产生了创作本书并与世界分享这些故事的想法。妈妈希望你们的生活永远鲜活且充满乐趣;希

---

* 音译自希伯来语单词"Firgun"。

望创造力和影响力永远伴随着你们；希望你们在追求自我实现的道路上拥有亲密好友和知心同事。好好发挥你们身上的"虎刺怕"吧！

尼尔——我的最好搭档、最佳挚友、最亲爱的丈夫：这本书正好于我们结婚20周年之际出版。这么多年来，你总是鼓励我要敢于梦想。在你的启发下，我点亮了自己都不曾意识到的创业技能。不管我做出什么决定，你总是慷慨地给予无条件支持。即使距离我们初次相识已经过去了25年，我依然爱你如初，你就是我此生挚爱。

我亲爱的爸爸妈妈——米拉和莫蒂：你们赋予我的自由和广阔空间塑造了今天的我。你们在我的成长过程中适时为我指明方向，从不强迫我做出任何选择；你们为我树立了良好榜样，却从未要求我也成为榜样。谢谢你们让我拥有如此多姿多彩的童年！

我要感谢我在以色列科技圈的同事和朋友，谢谢你们在过去几年我创作本书的过程中给予的"菲尔贡"。你们在过去工作中对我的关心、支持和批评给了我创作本书的素材。这本书讲述的不是我一个人的故事，是我们所有人的故事。

我要特别感谢以下人士：

阿迪·阿尔茨舒勒、阿迪·沙拉巴尼、本尼·莱文、舍米·佩雷斯、达丽娅·海尼·沙克德、多夫·莫兰、尤金·坎德尔、盖伊·富兰克林、盖伊·鲁维奥、伊玛德·泰勒哈米、伊扎尔·沙伊、希尔·沙伊、基拉·兰丁斯基、马坦·艾德维、米查·考夫曼、纳达夫·扎弗里尔、纳基斯·阿隆、尼尔·莱珀特、诺姆·沙伦、朗·巴利瑟、萨吉·巴尔、沙林·费舍尔、蔡什·本·尤瑟夫、乌里·韦因赫伯、温迪·辛格、耶尔·塞罗西、亚斯敏·卢卡茨、尤拿坦·阿迪里。感谢你们抽出时间与我和世界各地的读者分享你们的故事。

阿迪·贾诺维茨、安娜·菲利普斯、阿里安娜·卡姆兰、查亚·格拉斯纳、丹·塞诺、特里·卡塞尔、PSE 基金会、丹尼尔·阿尔冯、埃弗拉特·杜夫德瓦尼、佩雷斯和平中心、加比·泽托克、加迪·泽德，戈尼·阿拉姆、盖伊·希尔顿、以色列创投中心、莫尔和盖伊·佩勒德、伊泰·希格、朱迪·海布卢姆、内塔·埃舍特和利维·阿富塔、罗丝·卡恩、萨尔·弗里德曼、索尔·辛格、莎伦·布拉特、舒基·卡彭、西格·纳吉亚、苏加塔·托马斯、尤拿坦·伊多。感谢你们对本书的阅读、编辑、反馈和建议，以及在我整个写作过程中提供的其他支持。

我要特别感谢希拉·里韦利斯，在本书的创作过程中，她协助我进行资料研究，且花费了大量时间阅读我的文字，是她帮助我实现了写作出版的梦想。

我要感谢 Synthesis 和 True Talent Advisory 公司的团队和合作伙伴，谢谢你们同我分享当下的激动心情！我要特别感谢雪莉，你是我心目中最完美的挚友和合作伙伴！

最后写给我不久前新加入的大家庭 —— 由霍利斯·海姆布赫领导的哈珀柯林斯出版团队，也即本书的出版商，以及我的经纪公司 ——

由简·米勒领导的杜普利米勒团队。感谢你们给予本书的信心，很开心我们选择了彼此!

无畏：为什么以色列能成为创新强国

有关创业精神的希伯来语词汇

Balagan（巴拉干）[来自第二章：打破常规]

身处车水马龙的闹市街道，目之所及尽是各式各样的人群：冲着公交司机大声嚷嚷的老太太；热火朝天讨论政治的商人；万年牛仔裤配宽松 T 恤的科技高管；在旧物回收院开心玩耍的孩子；顺道购买炸豆丸子的归队士兵……一切都在紧张的运作当中，"Balagan"（巴拉干）可以说是这番景象的代名词。不过事物的表面往往具有欺骗性，我们生活的世界不存在预设的完美秩序，却依然可以高效运转。混乱的状态潜藏种种机遇。

Chanich（哈里赫）[来自第八章：在挑战中与风险共存]

"Chanich"（哈里赫）一词源自词根"chanicha"，表示开始、启蒙的意思。"哈里赫"代指接受培训的学徒或者通过实践学习的人。

Chutzpah（虎刺怕）[来自简介]

一层意思是形容无礼且自以为是。例如，在购物中心偶遇的陌生人试图向一位年轻母亲传授育儿之道。另有一层正面意思，表示为达个人目标，追求直截了当而非政治正确的方式。这个词的使用从阿拉姆语延伸至意第绪语，同时也被收入现代希伯来语和英语。"Chutzpah"（虎刺怕）的负面意思可用来形容一个人的无礼或冒犯行为，但在商业语境下，它往往指代勇敢大胆的人或行为。

2018 年 10 月 25 日，阿里巴巴创始人马云在以色列创新中心开幕式上表示，他从先前造访以色列的经历中学到两点：创新和勇于挑战的虎刺怕。

Combina（康避那）[来自第三章：玩篝火]

"Combina"（康避那）一词源自英语单词"combination"，意为以非常规或者非官方的方式来获得利益或解决问题。由于"康避那"往往会打破层级机构或命令传达的常规渠道，有人将"康避那"视为一种轻度的腐败形式，但这其实是一种误解。"康避那"与腐败最主要的区别在于，"康避那"的字面意思并无贬义，且最终提供的是一种广受欢迎的解决方案。

Davka（达夫卡）[来自第十六章：从探索世界中寻找灵感]

行为人出于未知原因，做出违反常理或令人不快的行为。例如，周六开车路过宗教社区时大声放音乐。另外，也可用于表示反对的某个想法或建议。例如，雨中跑步也是一种"davka"（达夫卡）的行为。

Dugri（杜格里）[来自第十四章：即兴发挥的公司文化]

表示一种避免拐弯抹角的直截了当的方式。在演讲过程中，这个词标志着演讲者接下来的讲话将是整段演讲的重点，可用于提示听众集中注意力。"Dugri"（杜格里）是现代希伯来语中源自土耳其语和阿拉伯语的外来词，可用于形容某人讲话坦诚直接，通常是对令人不爽的事实直言不讳。

Iltur（伊尔图尔）[来自第十四章：即兴发挥的公司文化]

"Iltur"（伊尔图尔）对应的英语单词是"improvisation"，英语的字面意思就是即兴创作。在希伯来语中，"伊尔图尔"含有"立刻、马上"的意思，通常代指快速有效解决问题的方法。以色列人从小就开始学习"伊尔图尔"技能，而资源短缺的环境尤其需要人们进行即兴创作。如果训练得当，"伊尔图尔"可使人们逐渐降低对资源的依赖从而学会随机应变。

词性：名词。最初源于《密西拿》（犹太教经典之一），在军队中以俚语的形式广泛使用，随后被收入现代希伯来语。字面意思为即兴创作或者表示立刻、立即，通常用于表示当场解决问题或者提出改进方法。

Firgun（菲尔贡）[来自致谢]

表示分享他人快乐的概念或行为。假设你最好的朋友找到了理想工作，当他打电话告诉你的那一刻，你肯定会由衷地为他高兴，为他自豪，你对他的快乐感同身受并且打从心底里祝贺他，因为你相信他完全能够胜任这个职位。"Firgun"（菲尔贡）是以色列科技创业圈最受欢迎的希伯来语词汇。

词性：名词。表示对他人的成就或快乐感同身受，且毫无妒意。

Katan Alay（小事一桩）[来自第三章：玩篝火]

"Katan Alay"（小事一桩）字面意思就是小事一桩，表示不费吹灰之力。往深了说，它也是一种说话策略，营造出一种无所不能的感觉。如果你将某项任务描述为"baktana"（小），那么你很可能没有从客观的角度看待这个任务，也没有考虑到任务的复杂性和所需资源。而当你说出"小事一桩"时，你只是单纯从自己的主观角度出发而没有考虑任务本身。

Leezrom（顺其自然）[来自第五章：自由随心]

"Leezrom"（顺其自然）的字面意义和象征意义均表示顺其自然，但又不仅仅是任由事情自然发展，它同时要求人们为生活中的意外事件预留空间，鼓励人们参与计划以外的事并对随后发生的一切保持期待。

作为动词，表示流动。如果一个人被形容为"zorem"，那么这个人往往非常随和，并且总是积极参加计划之外的活动。

Madrich（马德里赫）[来自第八章：在挑战中与风险共存]

"Madrich"（马德里赫）代指除学校以外的教育性机构中的向导或指导员。"Madrich"一词的词根为"derech"（道路），故"马德里赫"就是引路人。

Rosh Gadol（侯施伽多勒）[来自第十章：灵活应变]

"Rosh Gadol"（侯施伽多勒）字面意思就是"大头"。在希伯来日常用语中表示不满足于最低限度。"侯施伽多勒"是一种态度，也是一种心态，是一个人的组成部分。"侯施伽多勒"意味着不把自己局限于别人让你去思考或者去做的事，也就是要有大的格局，并努力将想法变为现实。这个词其实源于部队，因为以色列部队向来鼓励军人要有大格局而不是一味地服从命令。做到"侯施伽多勒"的人都是榜样，企业家就是典型的"侯施伽多勒"。

词性：名词。口语中用"侯施伽多勒"来形容主动承担超出个人职责范围的责任的人。反义词：Rosh Katan，字面翻译过来就是"小头"，用来形容只做自己分内必要之事的人。

Shalom（沙洛姆）[来自第十七章：永远乐观]

字面意思为和平，也可用于打招呼和道别，大概算是希伯来语中最广为人知的单词了。"Shalom"（沙洛姆）是日常生活中的高频词，同时又具有一定政治意义，因此看似无足轻重，实则蕴含深意。可以当作祝福用语，如"shalom alecha"，意为"愿您平安"。它可以用于呼吁世界和平，也可以在日常生活中用来跟别人打招呼。

词性：名词。"沙洛姆"是希伯来语中代表和平的单词，也可延伸用于指代敌人之间达到和谐安全的状态。在地道的希伯来语中，"沙洛姆"通常用作问候语（打招呼和告别）。

Shiftzur（改造）[来自第十四章：即兴发挥的公司文化]

"Shiftzur"（改造）表示发现问题，找到解决办法，并将其分解为多项可行任务的过程。这个词起源于一种提倡经济性的文化，这背后的概念为，没有完全损坏的状态并不意味着就无须修复。例如，部队中常见的做法就是经常有士兵自行缝制手枪皮套，从而升级装备。

词性：名词。"改造"起源于以色列军队中的用语，表示自行改造装备以提升装备性能。

Tachles（塔赫列斯）[来自第九章：让孩子当家做主]

"Tachles"（塔赫列斯）是个具有双重含义的短语，它既表达实用性，也表示抓住要点的感觉。这个词可用于谈论政治、天气、产品质量等一系列话题。作为现代希伯来语中源自意第绪语的外来词，它的字面意思表示结束、目的和目标，通常指代一个人以目标为导向，在行事过程中总能抓住重点。

Yalla（雅拉）[来自简介]

"Yalla"（雅拉）字面意思是"走吧"，用于表达一种忍不住一探究竟的急切心情，也可表示急躁、不耐烦、热忱的感情，或单纯表示一种可行性。它还有一种相对不常见的用法，往往透露出言语之间的轻蔑，例如："雅拉，那您就去别的地方做生意吧。"或者："雅拉，你根本就没搞清楚状况。"这个词源于埃及，因为总是作为方言在埃及、伊朗、土耳其和希伯来地区的电影、电视剧和俚语中频繁出现，所以逐渐开始普及。普遍用于表示"走吧"或者"快点"。在希伯来语中，"雅拉"也经常用于表示对未来某个活动或事件的满心期待。

Yiheye Besseder（天塌不下来）[来自第十七章：永远乐观]

"Yihiye Besseder"（天塌不下来）大概就是以色列人心态的核心，也即一种对美好未来的笃信。小到丢失钥匙，大至离婚，面对这些突如其来的事件，"天塌不下来"提示人们生活还要继续，任何事情在最后总会得到解决。也许这句话看似幼稚甚至透露出几分冷漠，但这就是一种可以安抚人心并打消顾虑的生活态度，也即相信：尽管现在的生活不尽如人意，但只要继续坚持下去，未来一定会更好。

这是革新者和企业家不可或缺的思维方式。

图书在版编目（CIP）数据

无畏：为什么以色列能成为创新强国 / （以）英巴尔·阿里埃利著；李雨桐译 . — 北京：北京联合出版公司，2021.1（2021.3 重印）

ISBN 978-7-5596-4698-9

Ⅰ . ①无… Ⅱ . ①英… ②李… Ⅲ . ①经济发展—研究—以色列 Ⅳ . ① F138.24

中国版本图书馆 CIP 数据核字（2020）第 215181 号

北京市版权局著作权合同登记 图字：01-2020-6682 号

CHUTZPAH: Why Israel Is a Hub of Innovation and Entrepreneurship by Inbal Arieli
Copyright © 2019 by Inbal Arieli
Published by arrangement with Harper Business, an imprint of Harper Collins Publishers.
Simplified Chinese translation copyright © 2020 by Beijing Xiron Culture Group Co., Ltd.
All Rights Reserved.

无畏：为什么以色列能成为创新强国

作　　者：［以］英巴尔·阿里埃利
译　　者：李雨桐
出 品 人：赵红仕
责任编辑：管　文

北京联合出版公司出版
（北京市西城区德外大街 83 号楼 9 层　100088）
三河市冀华印务有限公司印刷　新华书店经销
字数 151 千字　880 毫米 × 1230 毫米　1/32　印张 8
2021 年 1 月第 1 版　2021 年 3 月第 2 次印刷
ISBN 978-7-5596-4698-9
定价：56.00 元